36堂有效解決工作難題的**創新思考**

左思右想

亞洲第一套商業管理桌遊套書組

左右腦開弓，讓左腦邏輯與右腦創意並重！

本書特色
- ●邏輯九式 ●創意九式 ●18個邏輯思考與創意思考的元素
- ●36種不同的應用情境 ●將創意發想與邏輯思考系統表格化

簡單又系統性學習左腦邏輯與右腦創意，真正解決工作上的問題與難題！

劉恭甫——著

TO：

_____

每個人都是改變未來的一份子

想要左右逢源，

先要左思右想；

左腦邏輯思考，

右腦創意發想。

劉恭甫，功夫老師與您共勉之～

CONTENTS

推薦序一　向智者學習創新腦／謝文憲　　　　011

推薦序二　將創意與創新系統化的專家／王永福　　015

各方好評推薦　　　　　　　　　　　　　　019

自　　序　不同領域的創意與創新　　　　　027

課堂之前

將邏輯與創意相互交融

❶ 為什麼他想得到，我想不到？　　　　034
　▶讓左右腦相互激盪，找出最佳答案

❷ 總是羨慕別人能夠侃侃而談？　　　　040
　▶「九大邏輯思考利器」讓你想得快又講得好！

❸ 該如何才能快速訓練邏輯思考的能力？　045
　▶利用「邏輯九式」圓滿的達成目標

❹ 什麼是未來最需要的能力？　　　　056
　▶「九大創意思考利器」讓你想出WOW的好點子

❺ 如何才能讓自己成為點子王　　　　059
　▶運用「創意九式」讓自己快速找到靈感

第 **1** 章

將邏輯說清楚

01 為什麼光從目標設定，
就可以看出你是否具有邏輯思考的能力？ *068*
▶ 運用PSID進行工作目標設定報告

02 為什麼太快給解決方案，反而死比較快？ *072*
▶ 運用4D問題分析與解決的邏輯思考

03 為什麼說話沒有邏輯？ *077*
▶ 善用「結論→依據，根據→結論」，立即提高說話邏輯力

04 該如何才能把話說得有條理又清楚？ *081*
▶ 藉由八個格子讓思慮清楚，報告有條理

05 為什麼有邏輯的簡報更具專業性？ *085*
▶ 運用三三三簡報架構，讓表達更有邏輯又專業

06 為什麼縮小範圍才是達成共識的好方法？ *090*
▶ 有邏輯的引導團隊達成共識

07 為什麼接到任務就說「好」的人，總是升不上去？ *098*
▶ 接到任務的第一刻，先想問題再想對策

CONTENTS

08 為什麼拜訪客戶不要一開始就介紹產品？　　　**103**
　▶運用三個步驟與二十六個問題引導
　　讓客戶放心把案子交給你

09 為什麼思考模式與分析架構決定你的價值？　　　**111**
　▶把分析架構放進腦袋裡，
　　防止掉入思考陷阱

第 **2** 章

找到新發現

01 為什麼我們對別人的問題往往很容易看得清楚，
　對自己的問題卻反而不容易看得清楚？　　　**118**
　▶「不懂」，其實很有力量

02 為什麼你的工作缺乏創造力？　　　**123**
　▶別讓莎士比亞、貝多芬離你太遠

03 為什麼重新定義問題，比找答案更重要？　　　**126**
　▶好點子，不是先找解答，
　　而是先找問題

04 為什麼客戶的使用方法跟你想像的不一樣？   *129*
▶意想不到的「第一次使用」，才是真正的體驗

05 為什麼你會自然而然「關掉」觀察力？   *132*
▶運用「使用者旅程」的TBOGN
　五大觀察點

06 為什麼你會視而不見客戶的需求？   *138*
▶從四大面向與十一大觀察點「看見」客戶的需求

07 為什麼問對問題，才是解決問題的關鍵？   *143*
▶先不要想答案，先想好問題

08 為什麼要改變結果，就要先改變方法？   *146*
▶改變從質疑現狀開始

09 為什麼每個人內心都有一個遊戲的DNA？   *150*
▶工作遊戲化九大祕訣，讓你做任何事都很快樂

CONTENTS

第 **3** 章

從中找靈感

01 想出來的點子都是老梗、了無新意，怎麼辦？　　*156*
▶「隨機連結法」產生不一樣的點子

02 沒有任何靈感，怎麼辦？　　*162*
▶運用「加形容詞法」來幫忙

03 產品很多，但每個都不賣，該怎麼辦？　　*168*
▶企業成功轉型的第一步：減法思維

04 賣同樣的產品，為什麼別人的業績比較好？　　*174*
▶從客戶需求的三層次找出答案

05 江山易改、本性難移，如何才能改善缺點？　　*181*
▶利用「如何不」思考法把缺點變優點

06 為什麼一群相同性質的人，想出來的點子
都大同小異？　　*185*
▶要新點子，就要跨界找靈感

07 如何才能做到舉一反三？　　*188*
▶集合平凡眾人的智慧，比少數專家更聰明

08 為什麼「多做多錯」才「不會錯」？   *192*
▶「量變」產生「質變」的關鍵思考

09 為什麼向小孩說清楚一件事是最好的
創意練習？   *196*
▶化繁為簡，才能獲得最多的共鳴

第 **4** 章

將創新做出來

01 為什麼產品叫好卻不叫座？   *202*
▶問對問題，才能把好點子變成好生意

02 為什麼閱讀不是刺激創新思維的最佳方法？   *206*
▶有效轉化閱讀，才能形成自己的觀點

03 如何定義自己的競爭對手？   *210*
▶未來，是個跨界的世界

04 為什麼動腦會議完全都沒有發揮功效？   *215*
▶動腦會議的成效，決定企業的創新能力

CONTENTS

05 為什麼連結供給與需求，才是未來的贏家？   *220*
▶把自己變平台，成為解決方案專家

06 為什麼客戶對你的產品，不感興趣？   *224*
▶用故事與體驗讓客戶玩出興趣並記住你

07 為什麼別人都不支持你的提案？   *228*
▶運用NFABER讓構想被主管與客戶採納

08 為什麼視覺化思考能更精準傳達想法？   *232*
▶運用九大圖解工具將構想與問題說清楚

09 我不是個有創意的人，也可以創新嗎？   *237*
▶運用 IDEA 系統化的學習創新思維

向智者學習創新腦

思考，是解決問題的過程，它是針對知識、經驗、判斷、資訊加以收集、排列、組織、分析、確認的分析能力，而劉恭甫，絕對是箇中的好手。

在某次講師友人的飯局裡，他向大家分享手上最新的3C產品與近期的大陸觀點，我每次都在他與人分享的眼神裡，看見不一樣的思維與對創新獨到的熱情與自信。

友人表示，「這是最新的藍芽擴音喇叭，我剛買，很便宜而且很好用。」

恭甫說，「我包包裡也有一個，我研究了幾天，我發現這喇叭還可以……」一下子，飯桌上的朋友都傻眼了，都異口同聲地問，「你到底研究多少創新商品啊？」

他回答，「創新，就是我的血液，不創新，就等死啊！」

好一句直指核心的話語，問題是，「創新有什麼方法呢？可以學習嗎？創新不是天賦嗎？」

要回答這問題之前，先讓我來談談他的創新課程。

左思右想：
36堂有效解決工作難題的創新思考

忝為他的一日課程觀察員，我覺得這是「一套有技術、有方法、有流程、有笑聲、有互動、高含金量」的創新課程，我想我的這句話，就已經可以回答上述問題了。

如今，他將邏輯九式與創意九式都全數付梓，沒有保留，這不是佛心來著，什麼才是？

奇妙的是，這些這麼難懂的、枯燥的拗口名詞，在他的筆下，透過許多課程實戰的案例與小故事，他就是可以將「心法」說得像是「方法」，很容易體會，而且很實用；輔以諸多表格的整理，讓這些邏輯與創新觀念，深植我心。我看過他的書，聽過他的課，認識這個人，一位左右腦並用，可以左右開弓的超級創新好手。

我常說，「讓自己進步最快的方法，就是跟比自己厲害的人學習，最好是智者。」我剛從歐洲旅行返台，透過這次全家的旅行，更能體會書中所說，「為什麼你的工作缺乏創造力？」這篇以「別讓莎士比亞、貝多芬離你太遠」的短文，讓我深刻體會到透過旅行與涉足非專業事務，對於創造力開發的重要性。

再者，其中創意九式中關於減法的刪除哲學，對於我的人生與事業，更是有醍醐灌頂的功效。故此，我為本書下了一個簡單的註解：「哥教的不僅是邏輯與創新，哥教的是人生啊！」

　　本書作者功夫老師非常認真與執著，對於他專心投入的事物，旁人都可以感受到他狂熱的神情，他的書，他的課程與他整個人，都是您向上學習的最佳智者與陪伴者。

職場專欄作家，廣播主持人／**謝文憲**

將創意與創新系統化的專家

創新課程是恭甫老師的拿手絕活！也是他在兩岸各大企業最受好評的課程。這次透過本書出版，他把創新的壓箱寶全部展現，讀者無需躋身上市公司的內訓窄門，也可以學到這些很棒的技巧，實在是學習創新創意者的最佳入門書！

會有這樣的高度評價，是因為我曾經親眼目睹，看到他在創新創意領域的指導功力，我當場欽佩不已。那是在二〇一五年初，我們一起參與一場聯合演講，每個主講者將利用一個小時，面對台下超過兩百位觀眾，分享自己專業領域的教學精華。

幾位講者都是一時之選，有數字力的林明樟老師、行動力的謝文憲老師、網路力的許景泰老師，還有我談簡報力。這幾位講者每個人也都在各自的領域，有自己的代表著作。

說實話，要在這種場合上台，面對的挑戰不是開玩笑的！而當天擔任第一棒，打頭陣的：就是恭甫老師，分享

左思右想：
36堂有效解決工作難題的創新思考

的主題就是「創新力」！

　　恭甫老師最讓我印象深刻的，不是什麼高深的創新理論，而是親自帶著大家，從生活中最常見的物品，例如一個皮包。再利用有系統的創新創意手法，改造這個物件，賦予它新的生命。讓創新與生活工作結合，而不只是看不見摸不著的概念。

　　系統化也是他的強項，即使經過一年多之後，我仍然記得他提到的「創新一二三」，也就是一個目的、二個想法、三個行動，還有「創意」不僅要「創異」，還要「創益」這句話。類似像這樣的系統化整理及易記口訣，在本書中也俯拾即是，隨處可見。不管你有沒有親臨上課現場，都可以感受到恭甫老師活靈活現的教學功力。

　　本書仍然維持老師一貫的寫作風格，淺明易懂，配合上大量實務，書中的邏輯九式及創意九式，熟練後不止有三十六種不同的應用情境，更可套用在千變萬化的工作實務。

　　我特別喜歡「為什麼閱讀不是刺激創新思維的最佳方法？」還有什麼是「減法思維」這兩篇文章，點出了很多創新及有價值的思考方向。本書有許多文章都直指人心，每看一篇，相信你都會在不同的情境下，開啟不同的啟發！

恭甫老師平時奔波兩岸，十分忙碌。但是為了讓更多人能接觸創意思考，學習創益思維。仍然利用工作外的時間，持續筆耕不斷，終於完成了創新力這個主題的好書。

我清楚的記得有次跟他同台時，看到他帶著女兒一起出席，待他站定台上，女兒看著爸爸的眼神充滿佩服。我想，這是在工作之外，身為一個爸爸最大的成就之一。

恭甫老師一直是一個言行合一，十分真誠的好人。這次他把自己最精華的創新力課程，寫成本書跟大家一起分享。身為好友的我們與有榮焉，也向大家熱情推薦！

讓我們一起努力！「創意」、「創異」又「創益」！

《上台的技術》作者，憲福育創共同創辦人／王永福

各方好評推薦

　　我喜歡恭甫的學術涵養與人格特質，以及他在職場教育上，對兩岸的貢獻。

台灣科技大學管理學院特聘教授／盧希鵬

　　功夫老師的課程深獲企業肯定，這本書是每一位職場人士值得一讀再讀的功夫寶典。

Asia Training 心海薈管理諮詢股份有限公司董事長／林嘉怡

　　很高興恭甫將他寶貴的心得與大家分享，讀者們有福了。

清華大學科技管理研究所教授／丘宏昌

　　恭甫學長的著作，創新，務實，是一本不可多得的職場工具書。

新竹區中信房屋總經理暨清華大學EMBA校友會長／蘇俊逸

左思右想：
36堂有效解決工作難題的創新思考

　　丐幫之「降龍十八掌」，講究剛柔並濟，輕重剛柔隨心所欲，故成就了丐幫成為天下第一大幫。而功夫老師的《左思右想》這本書，將其畢生最精華數千小時之企業創新演講心得，歸納融合成為邏輯九式與創意九式，每一式都是為了解決企業創新的根本問題，而招式之間更能以元素的方式，互相搭配組合運用於不同的情境，故可以在平凡的工作中，建構出創新的小因子，其理念與歐買尬集團的「不創新便是死亡！改變就是現在，以遠見贏在未來」是不謀而合的。故翻閱此書，應能讓自己在短時間內提升不少邏輯思考能力，進而發揮潛能的創意，倘若讀者有用心詳讀此書並加以運用，我相信更可以打通任督二脈，大幅提升自己在職場上的功力，並能「左右逢源」地處理好以前認為的難題。

歐付寶電子支付股份有限公司董事長／林一泓

　　因著為企業客戶開辦創新、設計思考、專案管理與商務談判等課程的近距離接觸，對劉恭甫老師的專業有更多的了解：一直以為邏輯與創意是需要天賦的，但在功夫老師引領的工作坊中，一再見證學員們依循系統化的學習，開發個人創意DNA與團隊創新Power，進而快速找到適合且有效地「問題解決」的實務方案～原來，邏輯和創意

真的是可以透過體驗學習、跳脫習慣框架，強化可用心法與技法。

創新是種習慣與態度，功夫老師更是箇中的實踐者。為使學員更容易學習，授課教材教具總是不斷求新求變；去年出書分享職場關鍵力，今年推出新作中，還特別設計完整的「亞洲第一套商業管理書的桌遊」，相信是每位職場工作者必讀的實用工具書。

邦訓企業管理顧問有限公司執行顧問／呂淑蓮

若你以為創新只是「換個角度思考」，代表你用了根本不創新的思維在看創新。創新之所以是創新，正因為不僅能「創」造想法，還有「新」的可行模式。想學？我當然不會告訴你，因為這方式太不創新了，快去找功夫老師吧！

獨立文字工作者／郭雪瑤

劉恭甫（功夫老師）的創新課程非常值得推薦。他採用專利的教材，以淺顯易懂的方式，將難以理解的創新概念轉化為實體結果。就像是車上裝了導航設備，在尋找創新的目標時，有了參考，不再迷路！

信合美整形外科診所（屏東）院長／孫一峰

左思右想：
36堂有效解決工作難題的創新思考

功夫憑苦練，奧妙賴深思；恭甫著作出，創思見明路。

台灣產業面對經濟全球化的影響，製造基地全世界大轉移，無可避免必須尋求不斷的突破，創新是啟動突破的關鍵力量。恭甫老師將多年的功夫無私的傳授，能夠得此祕笈並且深入練習，將大大有助於個人與組織的突破。

賦力訓練團隊創辦人／王一郎

感謝功夫老師的熱情指導！我與功夫老師在之前只有數面之緣，但功夫老師居然主動到場指導我的授課技巧，還對我的部落格提供許多實用建議，讓我之後的課程進行更為順暢且更受歡迎，萬分感謝您的無私分享！

職業講師／鄭志豪

創新的老師，樣樣都會朝創新思考，這不稀奇，但連體貼人都創新，特別是用心創新，就真的少見，有次見到功夫老師，為了向一位身材嬌小的女學員解釋個觀念，竟然劈腿快二十分鐘，真佩服老師的貼心與誠意，因為他大可不必如此。但如果連對人都願意創新與創心，這種內外兼具的創新老師，怎能不相信他絕對是位好老師，為公為私，心願意創新，人才能真正創新。

揚信牙醫診所／鄧政雄 醫師（老鄧）

恭甫創新一把罩，絕招九式讓你靠。
內容有趣又好玩，人人學習不厭煩。
手做遊戲皆創新，課程安排揪感心。
恭甫超級創新力，績效提升不費力。

遠東銀行嘉義分行經理／吳家德

恭甫老師，一位具有精準剖析職場能力的智者老師，
總能用清楚的理論架構搭配實務案例，解決讀者的職場問
題，本書籍強力推薦，絕對值得一讀再讀。

聯華食品工業股份有限公司通路經理／葉偉懿

您的第一本書《不懂這些，別想加薪》為什麼不早十
年出版呢？肯定讓我少走冤枉路，直奔升職路。而功夫老
師您謙遜有禮，氣宇非凡更是令人難忘。

4U人際教育學院行銷經理／林哲安

曾在環宇廣播電台的節目聽過您精采的分享，很佩服
您在時間管理上的功力（同時搞定論文跟出書），還有堅
持早睡早起的自制力，這些都是我需要學習的「真功夫」

左思右想：

36堂有效解決工作難題的創新思考

呀！

資策會產業分析師／鐘國晉

　　我：「為何您對只見過兩次面的我，就給予這麼多講師之路的指導？」功夫老師：「你以後也要這樣幫助別人！」

兵法管理顧問 負責人／盧鄭麟（威廉老師）

　　運用功夫老師的創新四部曲後，讓困難真的能一一分解，容易找到下手處理事情的第一步，進而讓原來的困難得到創新的解答。

埔里鎮農會／陳盈鉅

　　教創新課程起步晚的功夫老師，有一套快速好玩的創意祕技，讓創新力可以透過遊戲學習，只有上過功夫老師的學員才知道。

AECOM 協理／歐文松

　　在產生「行動的力量」之前，你必須先學會「全面的思考」。但是要教「思考」，談何容易？邏輯真的可以學？創意真的可以教？

功夫老師向來喜歡挑戰「不可能」。這次他將成功人士的思考模式，整理出九個邏輯思考和九個創意思考要素，內容淺顯易懂、做法簡單可行。照著做，一定可以讓你腦洞大開，思考「左右開弓」，工作生活上「左右逢源」！

奇果創新管理顧問公司　首席創新教練／周碩倫

恭甫能將現在企業最需要的創新思維，拆解成具體可實踐的步驟，不管是你正要入門，或是經常面對創新的課題，這本書都會是很有價值的參考指南。

卡內基訓練桃竹苗區域總經理／陳傳宏

花數百元買下這本書，可以學得恭甫老師數堂萬元課程的全部精華，這可是今年最值得投資的一件事！

「專案管理生活思維」及「大人學」聯合創辦人／張國洋

從小到大都覺得創新是與生俱來的能力，無從教也無從學，是功夫老師扭轉了這個刻板；他的工具方法與實務經驗讓我知道創意可以教也可以學，重點是學得會且用得著！

特力集團學習發展部專案副理／徐于驊

謝謝功夫老師指點我如何讓國文課處處充滿驚喜，讓學生的眼睛裡只有我。

萬芳高中教師／余懷瑾

世界都在鼓勵年輕人創新創業，我特別推薦這是一本讓您容易分析與上手的創業工具書。

國立清華大學校長特助／尹秀蓮

擔心被治療指引和SOP僵化的腦袋不會創新嗎？功夫老師會開啟您創新的水龍頭，讓工作、家庭和生活充滿新點子和改變的樂趣。

義大醫院牙科部部長／陳文惠

這是一本充滿實戰智慧的書，作者功夫老師將他在職場十五年以及數百場企業內訓所累積的精華一次傳授給你。更難得的是功夫老師的這本書教你如何從邏輯的思考、創意點子的發想、評估規劃與執行種種細節，還分享了十八個非常實用的工具，只要熟讀本書，人人都能成為創意高手。這本充滿實戰智慧的書，真誠推薦給您！

希望種子國際企管顧問股份有限公司總經理／林明樟

自序

不同領域的創意與創新

—— 十四年前大學聯考時，我考進了東海大學工業設計系，一個我從來不曾聽過的科系，進去之後我才知道，這是一個需要創意才能念得下去的科系，從小到大只知道念書的我，壓根就不知道這些東西。

大一那年有一位德國設計教授來到我們系上做跨系交流，出了一道題目「請用線條與幾何圖形畫出一幅圖」，沒想到我僥倖得了班上前三名，驚訝的同時，也自此建立了我人生對於設計這門科目的一點點自信。

之後在學校幸運得到聲寶設計新人獎第一名與巨大建教合作的畢業設計也拿下第一名，從學校畢業後的第一個作品，也榮幸得到了台灣優良設計獎。這只證明一件事：創意是可以學習的。

二十四年來，從設計師、產品經理、業務經理到行銷主管，在職場十五年，歷經四個角色轉變的我，五年前選擇創業成立管理顧問公司，擔任企業的管理顧問，同時也在大學商學院和許多大型企業開設教育訓練課程，致力於

左思右想：
36堂有效解決工作難題的創新思考

提升員工與主管們的創新思維。

我的夢想是希望透過系統性的方法，讓職場工作者能夠簡單學習創意創新，一開始，我並沒有把握這個想法行得通，很幸運在五年來累積了超過七百場企業培訓與演講、超過四千八百小時，超過三萬二千名學員之後，在他們身上，我看見我的夢想正在逐步成真。這再次證明一件事：創意創新是可以簡單又系統化學習的。

到底創意是什麼？創新是什麼？在職場工作上對我有幫助嗎？創意是天生的嗎？天馬行空的點子很多有用嗎？

這本書想要告訴你，創意創新跟你想的不一樣。

如果我們要真正解決工作上的問題與難題，需要左腦邏輯思考與右腦創意發想並重，也就是左右腦開弓，這是本書取名「左思右想」的初衷。

這是一本讓你能簡單又系統性學習左腦邏輯與右腦創意的書，書中萃取了十八個邏輯思考與創意思考的元素：

邏輯九式：結論、因果、三點、拆解、先後、流程、量化、比較、事實。

創意九式：觀察、疑問、兒童、打破框框、組合、消除、改變、反向、借用。

從這十八個邏輯思考與創意思考的元素，發展成三十六種不同的應用情境，每個情境都有具體練習方法與

技巧提供給你，絕對可以讓你縮短摸索時間，有效解決工作難題，提升自己的職場作戰力。

　　這本書每一篇文章各自獨立，你可以選擇隨機閱讀享受意想不到的收穫，也可以從目錄中選擇您正在經歷的工作難題或感興趣的文章立即找到可以幫助你解決難題的思考方法。

　　當然，你更可以按照章節順序閱讀，建議你參考本書最前面的彩色頁，拉開來之後有一張學習地圖「企業菁英左右腦三十六式功夫學習地圖」，你可按照地圖上的進度進行為期五周的自我練習，有效完整的幫助你提升能夠超越現狀開創新事物的CQ創造力商數（Creativity Quotient），以及提升能夠運用邏輯分析解決工作難題的LQ邏輯商數（Logic Quotient）。

　　課堂之前「將邏輯與創意相互交融」：你將學會邏輯九式與創意九式，也就是本書最核心的十八個邏輯思考與創意思考的元素。

　　第一章「將邏輯說清楚」：你將可以綜合運用邏輯九式的元素為您的工作難題進行梳理。

　　第二章「找到新發現」：你將可以綜合運用創意九式發現客戶需求找到機會。

　　第三章「從中找靈感」：你將可以綜合運用創意九式

左思右想：
36堂有效解決工作難題的創新思考

想出超級好點子解決工作難題。

第四章「將創新做出來」，你將可以綜合運用邏輯九式與創意九式，將腦中想法的創意變成可實現的創新。

為了讓讀者能夠打破時空限制，學習與練習十八個邏輯思考與創意思考的元素，本書還特別設計完整的一套同名桌遊《左思右想》。

這是「亞洲第一套商業管理書的桌遊套書組」，為什麼要設計桌遊加上書的套書組合？主要是希望幫助讀者除了文字上的意念傳達之外，還能藉由遊戲得到最完整的概念，並且更有效地進行思考力的訓練。

思考力訓練最有效的方式是「有人能夠不斷問你問題，引導你進行思考」。平時在課堂上進行教育訓練，或是在企業進行輔導時，我可以以「教練」的身分親自帶著所有學員們不斷練習，而身為讀者的你，讀完本書之後，並沒有「教練」在旁邊幫助你不斷練習，你也不一定能夠到我的課堂中學習，所以我希望讓這套桌遊成為「導師」的角色。

桌遊不純粹是娛樂的角色，它就像智慧機器人一樣，在你玩遊戲的過程中，它會是一位善盡職責的「教練」，不斷問你問題，直到你贏了這場比賽，而你也因為被不斷的問問題，在回答問題的過程中需要進行思考，所以你也不斷的在練習思考力。

所以我們建議你可以隨身攜帶這套遊戲，或是把這套遊戲帶到辦公室中，應用在工作環境上，當你遇到工作難題的時候玩一下，或是讓你的團隊一起玩都可以。

在每次遊戲時，平均一個人可以接觸到四至八張點子卡，而遊戲設計了四種顏色，三十六張不同的點子卡，幫助你思考工作難題。多玩幾次，你就更能體驗不同的點子卡帶來的思考刺激。

我們希望這本書與桌遊結合的成果是一加一大於二，其最大價值在於，好像「我」親自在你身邊與你對話，你就像有了「教練」，或是身在課堂當中，隨時可以把「我」召喚出來，陪著你演練左右腦的思考力。

感謝商周出版社全力支持這組「亞洲第一套商業管理桌遊套書組」的誕生，也感謝許多知名企業高階主管與管理專家聯名推薦。

書裡面有許多實戰的有效經驗與實務案例，大部分都是根據真實的情境改編，希望能讓大家在閱讀時，更能覺得身歷其境，在了解技巧方法的同時，更能清楚了解如何在真實狀況中運用。

書中所描述的方法與技巧，過去曾幫助許多在職場中不斷努力的專業工作者，相信一定也能幫助你，我相信透過練習，你一定可以發現這些方法真的有用！

課堂之前

將邏輯與創意相互交融

◆ 為什麼他想得到，我想不到？

◆ 總是羨慕別人能夠侃侃而談？

◆ 該如何才能快速訓練邏輯思考的能力？

◆ 什麼是未來最需要的能力？

◆ 如何才能讓自己成為點子王？

為什麼他想得到，
我想不到？

▶ 讓左右腦相互激盪，找出最佳答案

猶記得剛入職場的時候，我是負責某個客戶的專案經理，當時剛放完新年假回到辦公室，我被叫到會議室一起開會，還記得去年在這間會議室裡，公司上下都很有信心能夠創造佳績，而今天在會議室裡，只見老闆面色凝重，大家都低著頭。

老闆手上拿了今年的業績報表往桌上一扔，「去年我們做了需求分析，可以預見市場成長可期，產品通路反應也不錯，為什麼業績還是無法達到目標？」問完問題，老闆開始環顧與會同事。

我的眼神這下更低了，我聽到旁邊一位資深業務小聲地說，「你問我，我問誰呀？」我當時心裡只想一件事，「千萬不要點我發言啊！」

偏偏愈不想，事情就愈會發生，於是我被點名發言了，擠了半天我說出了，「這應該跟整體市場有關吧！下半年景氣變得比較不好。」老闆緊接著點另一名同事，他輕聲地回答，「我們不夠努力，今年要再加油！」

這時，有一位同事Kell開口發言了，「我覺得業績問題可以分成三個角度來看：第一，銷售團隊；第二，行銷策略；第三，產品品質……。」我心想，「對啊，我也這樣覺得！」

另一位同事Ken也開口發言了，「我覺得我們過去都是單向式的產品行銷，今年應該要嘗試與消費者互動的粉絲行銷方法……。」心裡想著，「對、對、對，我也覺得這個方式很好！」

為什麼別人想得到，我卻想破頭也想不到？我當時對Kell與Ken投以崇拜的眼神，我心想，「我以後也要跟他們一樣這麼厲害！」

經過第一位同事Kell的分析，問題清楚明瞭。這是運用左腦的邏輯性思維來解決問題。經過第二位同事Ken的提議，找到新的方法，這是運用右腦的創造性思維來解決問題。解決問題，需要邏輯能力，也需要非邏輯的能力。

左右腦開弓解決問題

我在上一本書《不懂這些，別想加薪：兩岸百大企業菁英都上過的二十四堂必修課》中，曾進行一份為期四年，我在超過兩百家知名上市公司培訓的過程中，接觸到超過三千位中高階主管的研究。

透過與他們在課堂中的交流與觀察，或進行正式與非正式的對談，並結合兩岸進行超過一千份「職場的升遷與個人能力關聯性之研究」的問卷調查，整理他們在工作中最常遇到的問題，萃取他們的職場成功經驗，找出二十四個升職加薪的關鍵原因。

其中「如何解決公司的疑難雜症，提升解決問題的能力？」高居二十四個升職加薪關鍵原因的首位，也就是說「解決問題」是在職場中最重要的能力。

而「解決問題」需要哪些能力呢？動手解決問題之前要先動腦，而如何動腦？簡單說，就是左右腦開弓，左腦運用邏輯思維解決問題，右腦運用非邏輯解決邏輯無法解決的問題。

左腦的邏輯思維與右腦的創造思維有哪些不同呢？

左腦的邏輯思維

左腦的邏輯思維是收斂式思維，又稱垂直思考法、邏輯思考法；是遵循一個路徑，按照一定的思考線路，在一個固定的範圍內，自上而下進行垂直思想，故被稱為垂直思考法。

根據前提一步步地推導，不能逾越，也不允許出現步驟上的錯誤。每一步都是精確的、必要的，而且必須是正確的。

這種思維方法可以對事情做更深入的研究和分析，但不易產生新的創意。所以如果一個人只會運用垂直思考一種方法，就不可能有創造性。

右腦的創造思維

右腦的創造思維是發散式思維，又稱水平思考法、創意思考、創新思維；會在多方面嘗試從不同的角度去觀察和思考一件事，擺脫固有模式、已有知識和舊的經驗約束，衝破常規，提出富有創造性的見解、觀點和方案。

這種方法的運用，一般是基於人的發散性思維，故又把這種方法稱為發散式思維法。這種不按牌理出牌的思考方式，往往能夠帶給我們驚喜的答案。

左思右想：
36堂有效解決工作難題的創新思考

　　相對於邏輯思維是從一個既定的立場繼續「往下」推演、驗證，創造思維則是善用既有訊息，往「旁邊」去嘗試不同的認知、不同的切入點，以得出新點子的方法。

　　許多人在看好點子成功展現價值的成功案例時，都是在事後以合乎邏輯的方式解讀「後見之明」，而忽略提出好點子當時，也就是成功之前，看起來不那麼合乎邏輯的「先見之明」。

　　畢竟「後見之明」只需要遵循令人放心的成功經驗，而「先見之明」更需要勇氣建立不那麼令人放心的新經驗。

左腦 的邏輯思維特色	右腦 的創造思維特色
連貫性	不連貫性
在既有模型中前進	改變方向；另闢蹊徑
分析性、整理驗證	啟發性、引發新想法
需有充分理由	不須正當理由
考慮事物的確定性，追求正確性	考慮事物多種選擇的可能性，追求豐富性
完善既有觀點	提出新觀點
遵循經驗法則	跳脫經驗法則

　　問題解決過程中，左腦與右腦需要相互混合使用，尤其在瞬息萬變的商業世界中，我們必須盡可能地整理分析驗證訊息、運用創造力來思考產生新想法。

　　所以「左腦的邏輯思維（分析驗證）加上右腦的創造思維（產生新想法）」，永遠是最有利的思考工具。

總是羨慕別人
能夠侃侃而談？

▶「九大邏輯思考利器」讓你想得快又講得好！

「他不曉得鼓起了多大的勇氣才舉手的？」當時我心裡是這樣想的。

當時是一場我的演講，演講結束我問大家有沒有問題，同學們此起彼落舉手提問，他就坐在角落，前面好幾次其他同學舉手的時候，我注意到他都有把手舉起，只是幾乎都舉了一半、似乎想說話，卻被其他同學搶先了，所以我這次刻意看了他一下，點了他站起來發言提問。

「我……想……問一個問題，怎麼樣……把自己……的觀點表達清楚？」他慢慢的一字一句把話說完，我隨即邀請大家為他的勇氣報以熱烈的掌聲。

光這個勇氣就讓我印象深刻，除了勇氣，他所提問的問題的確是許多職場上班族常見的情況。

這個提問也讓我想到了一個人。Kevin是我之前公司

非常要好的同事，我們常常在午餐後的午休時間，繞著公司周邊健走運動，無話不談。

聊天時，他總是對公司現存的問題有說不完的想法甚至怨言，但是在會議中，我總是見他沉默不語。

我曾問他為什麼不在會議室中把想法說出來，Kevin覺得聊天歸聊天比較輕鬆，真的要在會議中把想法完整的表達出來是很難的一件事。

強化你的邏輯思考力

你注意到了嗎？在會議中，我們時常可以看到發言的人總是不超過一半，有很大一部分的人通常不參與討論，也不提供意見，只是聽，只是列席。

這些人有些是真的完全沒有想法，所以選擇聽就好，可是有些人心裡還是有很好的想法，可能是害怕或是無法在這個場合中有邏輯的表達出自己的想法，這就非常可惜了。

在職場與商務場合，不論是內部會議或是向客戶提案說話，或是主管問你對一件事的看法，當你每次與別人溝通時需要表達觀點，你是不是經常腦袋空空，不知道如何開始，或是講到一半就卡住，無法繼續，甚至不停繞圈子發生鬼打牆的情形？

　　同樣的，即使你對自己的觀點與提案內容很有自信，但如果傳達方式無法獲得認同進而說服對方，那麼你的想法再好，都不可能實現。

　　你是否也有「我總是當下無法準確表達自己想說的話，而事後感到後悔」類似的困擾？為什麼會這樣？這種「表達方式」的問題，其實與你的「邏輯思考」不足，有很大的關係。

　　其實，那些很快就能形成個人觀點、精準分析問題和能夠侃侃而談的人，並不是因為他們「特別聰明」，而是他們「懂得思考的方法」。當你還在腦袋空空、手足無措時，他們往往已經在腦海裡依照預設的架構，迅速就將問題分門別類，分析比較，進而提出好的點子或對策。

　　能夠正確運用邏輯思考的人，懂得用淺顯易懂的方式向對方傳達想法，進而獲得他人支持，讓工作得以順利進展。

發言沒有邏輯的三大問題

　　問題是，邏輯思考可以訓練嗎？或者這樣問，邏輯思考可以運用簡單的方法訓練嗎？結論是，可以。

　　為什麼可以？

　　因為過去六年，我以這個方式在兩岸超過兩百家知名

企業進行培訓，超過三萬名學員在課堂上實作與練習，有非常多的學員在課後回饋中寫到，「原來邏輯思考可以這麼簡單上手」，所以我更有理由相信你透過這本書的練習也絕對做得到。

當你觀察一個人發言，如果你覺得這個人發言沒有邏輯的時候，這一段話通常有以下三大問題：

一、無法濃縮重點，也就是無法說明WHAT。

二、無法分類分析，也就是無法說明WHY。

三、無法就事論事，也就是無法說明HOW。

如果你要提升自己的邏輯思考，最重要的是克服以上三大問題，所以我將邏輯思考進行三大能力分類，再依照三大分類拆解成九大元素，分別是結論、因果、三點、拆解、先後、流程、量化、比較、事實，這九大元素稱為「邏輯九式」，就是針對解決這三個問題而設計的。

◆ **如何解決「無法濃縮重點」的問題？**需要讓你的表達具有「結論、因果、三點」三個元素，至少其中之一。

◆ **如何解決「無法分類分析」的問題？**需要讓你的表達具有「拆解、先後、流程」三個元素，至少其中之一。

◆ **如何解決「無法就事論事」的問題？**需要讓你的表達具有「量化、比較、事實」三個元素，至少其中之一。

如果你只有一分鐘，你必須優先進行「濃縮重點的三

個元素：結論、因果、三點」的發言，也就是首先以一句話說明你的WHAT。例如「我認為我們應該增加客戶服務窗口。」

如果被追問為什麼會是這個結論或重點的時候，你就繼續進行「分類分析的三個元素：拆解、先後、流程」的發言，也就是以一段話說明你的WHY。例如「整合客戶服務窗口可以把客戶服務流程上的需求分析、解決方案、資源運用進行整合。」

如果還有時間，你就再繼續進行「就事論事的三個元素：量化、比較、事實」的發言，也就是再以一段話說明你的HOW。例如「某公司在去年因為此做法，成功提高客戶滿意度百分之十五，所以我認為我們應該要成立整合客戶服務窗口。」

以「WHAT、WHY、HOW」三段式的表達方式能夠正確運用邏輯思考，並以淺顯易懂的方式向對方傳達自己的想法，進而獲得他人支持，成為擅長邏輯思考與擅長溝通的人。

▍有效邏輯式發言的技巧運用

無法邏輯式發言的問題點	無法濃縮重點（WHAT）	無法分類分析（WHY）	無法就事論事（HOW）
可運用之元素	結論、因果、三點	拆解、先後、流程	量化、比較、事實

該如何才能快速訓練
邏輯思考的能力？

▶ 利用「邏輯九式」圓滿的達成目標

　　一般邏輯思考訓練的書籍幾乎都是以數學解題或理論分析為主，優點是將邏輯思考解說得非常詳細而全面，缺點是你需要花許多時間消化吸收，而時間對於忙碌的職場工作者來說非常寶貴。

　　相對的，邏輯九式以更簡單的方式提煉出九個關鍵字，更容易進行自我練習，只要每天五分鐘設定一個主題進行邏輯九式的思考訓練，我相信下次當你在表達觀點時，絕對讓你的主管與同事刮目相看，他們也將會認為你的邏輯思考能力很強。

　　綜合來看，邏輯九式是哪九個邏輯思考元素？

　　一、結論：能夠長話短說以一句話進入結論。

　　二、因果：能夠以結論→依據或依據→結論的方式說明因果關係。

三、三點：能夠在許多的事物中整理出重點，甚至能夠以三點提綱挈領的方式表達清楚。

四、拆解：能夠將雜亂無章的事情進行拆解與分類整理。

五、先後：能夠將許多事情以優先次序進行排序。

六、流程：能夠把雜亂的事情進行分類的方式或流程的方式整理，讓事情看起來井然有序。

七、量化：能夠將模糊的事情進行量化，讓事情更具體。

八、比較：能夠以正反兩面或優缺點進行比較分析。

九、事實：能夠以事實或案例為依據，而非以主觀意識。

這九個邏輯思考元素建構了你的LQ邏輯商數（Logic Quotient），LQ邏輯商數是指一個人面對事物、解決問題時，能夠運用邏輯分析進行思考與表達的能力。

實地操練邏輯九式

以下我們來看如何運用邏輯九式，提升自己的邏輯思考能力。

◆ **結論**：能夠長話短說，以一句話進入結論。

邏輯思考的第一步就是告訴自己或他人你的結論，不

管是今天報紙上的新聞事件，或是工作上的任何事情，或多或少你都會有自己的觀點，例如「對或錯」、「支持或反對」、「完成或沒完成」、「要做或不要做」、「往左或往右做」、「好或不好」、「喜歡或不喜歡」，而這些觀點就是結論，就是邏輯思考的第一步。

　　簡單的說，就是下次當主管問你，「你對這件事有何看法？」你的第一句話可以是「我覺得這個方式不好」，或是「我喜歡這個想法」，或是「我認為應該要做這件事」來讓對方覺得你是一位有觀點的人。

　　◆ **因果**：能夠以結論→依據或依據→結論的方式說明因果關係。

　　當主管問你一個問題，例如「你對這件事有何看法？」而你也回答主管給出了結論，例如「我認為應該要做這件事」之後，主管會緊接著思考「為什麼你會得出這個結論？依據的原因是什麼？」

　　所以，當你說出「結論」再說出「依據」之後，你就等於正在進行因果關係的邏輯思考與表達。

　　例如部門第一季業績不理想，主管要你提出檢討分析與對策計畫，而你的結論是「我認為我們應該增加成立客戶服務窗口。」接著你就可以提出支持你的結論的依據「我的結論來自經銷商反映、網路消費者投訴、店面客戶

抱怨等三大外部分析與內部團隊的建議。」

◆ **三點**：能夠在許多的事物中整理出重點，甚至能夠以三點提綱挈領的方式表達清楚。

如何可以讓聽者很容易抓住這件事情的重點？最好的方式就是直接點出三個重點。也就是說，當我們被問到「上一季我們的業績很不好，你有什麼看法」時，與其回答「應該是景氣很差」或是「我覺得業務員人數不足」，不如回答「業績比去年同期下降百分之十五，主要原因集中在三個方面：客戶服務流程不合理、跨產品服務效率不佳，以及跨產品整合服務不好」，絕對讓主管對你印象深刻。

◆ **拆解**：能夠將雜亂無章的事情進行拆解與分類整理。

我相信每個人在一堆資訊中都會覺得茫然不知所措，如果你可以有系統、有邏輯的進行整理與分類，相信會讓人覺得你的思考很有邏輯。

拆解方式有很多種，例如以時間拆解為一月、二月、三月，以地區拆解為北部、中部、南部，或是以新客戶、現有客戶、新產品、現有產品，拆解為四大類。

例如「我們以客戶購買行為的前、中、後進行三大類的拆解分析，第一類是購買前的客戶需求分析不完整，第

二類是購買時客戶不方便付款，第三類是購買後對客戶抱怨處理不及時。」

◆ **先後**：能夠將許多事情以優先次序進行排序。

時間與資源有限，所以我們無法平等看待每一個任務，於是將所有任務進行優先順序是必要的邏輯思考。例如「經過分析討論後，我們按照重要、不重要、緊急、不緊急分成四個象限，其中又重要又緊急的對策是對客戶抱怨處理要及時。」

◆ **流程**：能夠把雜亂的事情進行分類的方式或流程的方式整理，讓事情看起來井然有序。

早上接到主管丟來一大疊資料，要你製作一份「如何提升業績」的簡報。你已經連續讀了好幾個小時，已經被茫茫資料海給淹沒了，內心暗暗叫苦，「連讀懂資料都有問題了，何況提出解決方案！」

此時我們將資料進行分類或是依照流程的方式進行整理，或是以分類或流程的方式進行表達，例如「我們於下一季針對業績提升的改進計畫。以整個業務管理三大流程來看，第一階段是客戶開發階段，我們要多開發百分之二十的客戶，第二階段是送樣階段，我們要縮短測試流程百分之二十五，第三階段是競標階段，我們要提高得標成功率百分之三十。」

◆ **量化**：能夠將模糊的事情量化，讓事情更具體。

「我會盡力創造最大效益！」對許多人來說，是一個很模糊甚至覺得很不負責任的說法。所以我們要將表達中「盡力」、「最大」等形容詞換成「五人團隊」、「業績百分之十五」的數字進行量化，才能讓他人覺得你的思考有邏輯很具體。

也就是說，下次當主管問你，「這件事預計會有什麼成果？」你不應該表達「我會盡力創造最大效益！」而應該說，「我將以五人團隊的人力，投入總預算成本為二十萬，將可提升業績百分之十五，創造兩百五十萬的業績，產生三十萬人次點閱率與一百五十篇分享文。」

◆ **比較**：能夠以正反兩面或優缺點進行分析。

「這是對的方法嗎？」「這是對的決定嗎？」正常情況下，聽到一個想法後，我們當下會對這個想法產生以上的存疑，所以我們需要將觀點進行正面與反面的分析探討，或是優點與缺點的分析比較，才能幫助自己或他人判斷這是對的方法或是對的決定。

也就是說，當你下次要提出「我認為這個計畫應該增加利潤率分析」的觀點時，你還需要進行正反面或優缺點的補充，例如「首先這個計畫很符合公司的策略方向（優點），只是我擔心成本太高會降低利潤（缺點）。所以我

認為計畫應該增加利潤率分析（重複觀點）。」以這種方式回答，主管會對你印象深刻。

◆ **事實**：能夠以事實或案例為依據，而非主觀意識。

「這個決定有風險嗎？」「這個方法能成功嗎？」正常情況下，當我們聽到一個想法後，當下也會對這個想法產生以上的存疑，所以我們需要進行驗證或是有成功經驗可以依循，才能提高自己或他人的信心來支持這個方法或決定。

也就是說，當你下次要提出「我認為我們應該增加人工品質檢測站」的觀點時，你還需要事實與案例的補充，例如「我們部門在去年五月，曾經試驗此做法能有效提升品質良率百分之十，還有某公司在去年也因為此做法，成功提高檢驗品質百分之十五。所以我認為我們應該要增加人工品質檢測站。」

每天五分鐘，一張邏輯九式表格練習自己的邏輯思考，例如部門第一季業績不理想，主管要你提出檢討分析與對策計畫，與其自己埋頭苦思、理不出頭緒。我們建議讀者將後頁的表格印出來放在自己座位前方，便可以這張表格進行思考或是表達。

左思右想：
36堂有效解決工作難題的創新思考

邏輯思考 三大能力	邏輯思考 九大元素	邏輯思考 訓練	邏輯思考 產出
濃縮重點 （WHAT）	一、結論	如何一句話說出我的結論？	我認為我們應該成立整合客戶服務窗口。
	二、因果	我的結論的依據是什麼呢？	我的結論來自經銷商反映、網路消費者投訴、店面客戶抱怨等三大外部分析與內部團隊的建議。
	三、三點	如何萃取出三大重點？	業績比去年同期下降百分之十五，主要原因集中在三個方面：客戶服務流程不合理、跨產品服務效率不佳，以及跨產品整合服務不好。
分類分析 （WHY）	四、拆解	如何進行一層一層的分類與拆解？	我們以客戶購買行為的前、中、後進行三大類的拆解分析，第一類是購買前的客戶需求分析不完整，第二類是購買時客戶不方便付款，第三類是購買後對客戶抱怨處理不及時。
	五、先後	如何安排優先順序？	經過分析討論後，我們按照重要、不重要、緊急、不緊急分成四個象限，其中又重要又緊急的對策是對客戶抱怨處理要及時。

（續下頁）

邏輯思考 三大能力	邏輯思考 九大元素	邏輯思考 訓練	邏輯思考 產出
	六、流程	如何以流程 進行分析？	我們於下一季針對業績提升的改進計畫，以整個業務管理三大流程來看，第一階段是客戶開發階段，我們要多開發百分之二十的客戶，第二階段是送樣階段，我們要縮短測試流程百分之二十五，第三階段是競標階段，我們要提高得標成功率百分之三十。
就事論事 （HOW）	七、量化	如何加上數字具體量化？	我將以五人團隊的人力，投入總預算成本為二十萬，將可提升業績百分之十五，創造250萬的業績，產生三十萬人次點閱率與150篇分享文。
	八、比較	如何進行正反面或優缺點比較？	這個計畫很符合公司的策略方向，唯一的擔心是成本太高會降低利潤。
	九、事實	能夠舉出事實或案例為依據嗎？	我們部門在去年五月，曾經試驗此做法能有效提升品質良率百分之十，還有某公司在去年也因為此做法，成功提高檢驗品質百分之十五。所以我認為我們應該要增加人工品質檢測站。

左思右想：
36堂有效解決工作難題的創新思考

　　不知道你是否注意到？我在提出「邏輯九式」觀點的時候，也是運用邏輯九式在進行表達，以下表格可以說明我如何運用。

邏輯思考 三大能力	邏輯思考 九大元素	邏輯思考 訓練	邏輯思考 產出
濃縮重點 （WHAT）	一、結論	如何一句話說出我的結論？	邏輯思考可以運用簡單的方法訓練
	二、因果	我的結論是依據什麼呢？	過去六年我以這個方式在兩岸超過兩百家知名企業進行培訓，超過三萬名學員在課堂上實作與練習，非常多的學員在課後回饋中寫到「原來邏輯思考可以這麼簡單上手」，所以我更有理由相信你透過這本書的練習也絕對做得到。
	三、三點	如何萃取出三大重點？	要提升邏輯思考，要克服三大問題： 一、無法濃縮重點 二、無法分類分析 三、無法就事論事
分類分析 （WHY）	四、拆解	如何進行一層一層的分類與拆解？	邏輯思考三大能力與九大元素： 一、濃縮重點（WHAT）：結論、因果、三點 二、分類分析（WHY）：拆解、先後、流程 三、就事論事（HOW）：量化、比較、事實

（續下頁）

邏輯思考 三大能力	邏輯思考 九大元素	邏輯思考 訓練	邏輯思考 產出
	五、先後	如何安排優先順序？	如果你只有一分鐘，首先以一句話說明你的WHAT。 如果被追問，以一段話說明你的WHY。 如果還有時間，再以一段話說明你的HOW。
	六、流程	如何以流程進行分析？	以「WHAT、WHY、HOW」三段式的表達方式。
就事論事 （HOW）	七、量化	如何加上數字具體量化？	每天五分鐘自己設定一個主題進行邏輯九式的思考訓練。
	八、比較	如何進行正反面或優缺點比較？	一般邏輯思考訓練的書籍幾乎都是以數學解題或理論分析為主，優點是將邏輯思考解說得非常詳細而全面，缺點是你需要花許多時間消化吸收，而時間對於忙碌的職場工作者來說非常寶貴，相對的，邏輯九式以更簡單的方式提煉出九個關鍵字，更容易進行自我練習。
	九、事實	能夠舉出事實或案例為依據嗎？	這張表格的內容就是實作的案例。

什麼是未來
最需要的能力？

▶ 「九大創意思考利器」讓你想出WOW的
好點子

———個人才最重要的價值是什麼？

機器時代以前，強壯的體力是主流價值。機器時代以後，強壯的體力價值漸失，計算邏輯分析思考力的人才取而代之成為主流價值。

在這個時代，除了左腦的計算邏輯分析思考力，能同時運用右腦的創意美感思考力的人才開始成為主流價值。

為什麼這樣說？主要來自市場的三大變化：

第一，大多數的商品除了規格性能與價格的競爭，更重視用戶需求與客戶體驗。

第二，電腦與機器人的能力愈來愈強大，左腦的計算邏輯分析能力逐漸被取代。

第三，全球勞動市場中工程與技術人才的供需已經產生變化，愈來愈多工程與技術能力轉移至發展中國家。

　　我們已經可以看到，除了嚴謹的商學院MBA的訓練之外，史丹佛大學普拉特納設計學院（D-School）的「設計思考」（Design Thinking）是這十年來業界、學界跨領域的新顯學，設計思考是一種較為「感性」與以「人」為設計出發點的訓練，如何以使用者的觀點去體驗，去同理他的感觸，以達到真正最貼近使用者的設計。

　　許多醫學院也開始重視並教授情感溝通的人際關係技巧，以音樂和繪畫訓練學生的觀察能力。所以我們可以發現，除了左腦的計算邏輯分析思考力，右腦的創意美感思考力開始成為主流價值。

右腦的創造性思維跟左腦哪裡不一樣？

　　創造性思維同時具有高感知能力與高聯想能力。感知能力指的是觀察他人情感與互動，結合樂趣，發掘意義與機會；聯想能力指的是結合看似不相干的概念，轉化為新事物的能力。

　　所以如果你要提升自己的創造性思維，就需要提升高感知能力與高聯想能力，所以我將創造性思維依照高感知能力與高聯想能力兩大分類拆解成九大元素，分別是觀察、疑問、兒童、打破框框、組合、消除、改變、反向、借用。這九個元素稱為「創意九式」，可以協助我們開發

左思右想：
36堂有效解決工作難題的創新思考

在這個時代不可或缺的全腦新思維。

如何提升「感知」的能力？需要運用「觀察、疑問、兒童、打破框框」四個元素。

如何提升「聯想」的能力？需要運用「組合、消除、改變、反向、借用」五個元素。

綜合來看，創意九式為以下九個創造性思考元素：

一、疑問：質疑現狀。

二、觀察：觀察使用者行為。

三、兒童：學習孩子的眼光，運用樂趣創造快樂。

四、打破框框：不被現有框框限制。

五、組合：善於增加新元素。

六、消除：善於專注以更少做更多。

七、改變：善於改變角度站在客戶的角度思考。

八、反向：善於逆向思考。

九、借用：善於借用異質元素。

▌ 開啟創造性思維的技巧與元素

創造性思維			
高感知能力		高聯想能力	
可運用元素	觀察、疑問、兒童、打破框框	可運用元素	組合、消除、改變、反向、借用

如何才能讓自己
成為點子王？

▶ 運用「創意九式」讓自己快速找到靈感

現在讓我們來看如何運用創意九式，提升自己的創造性思維能力。

◆ 疑問：質疑現狀

你是否發現對於第一次接觸的人事物，心裡會有許多問號，諸如「為什麼這個會這樣做？」「為什麼那個會如此設計？」這些問號會驅使你運用質疑現狀來思考許多更好的想法，讓現狀變得更好，但是隨著愈來愈熟悉這家公司，對這個產業愈來愈瞭若指掌，你會開始習慣這一切，即使規則不合理，你還是會選擇接受，甚至開始設下一道道防線防止他人改變這些規則。

所以，有創造性思維的人，即使看待一件熟悉的事物，都要嘗試讓自己回到最初第一次的體驗，開始質疑現有的產業規則、固定模式或運作方式。

◆ 觀察：觀察使用者行為

你是否有這個經驗？當你在做重複性動作的時候，例如走在每天必經的路上，或是處理每天必做的流程中，你會忽略周邊的變化而自然而然「關掉」觀察力。

所以，有創造性思維的人，會無時無刻的刻意觀察周遭環境與趨勢的細微變化與使用者行為，讓自己保持敏銳的觀察力。

◆ 兒童：學習孩子的眼光，運用樂趣創造快樂

你是否注意到，為什麼有些活動會有很多人參加？當然也有些活動沒什麼人參加。如果我們觀察小朋友就會發現，小朋友會為了小貼紙或集滿幾個印章換取獎品的過程，而提高學習動機和成果，其實大人也是，每個人內心都有一個遊戲的DNA。

所以，有創造性思維的人，會學習孩子的眼光，運用樂趣為每件事創造快樂。例如在學校的老師，為了讓小朋友產生學習的動機和成果，如果小朋友表現良好，老師就會發放小貼紙或蓋印章，集滿幾個就能換取獎品，透過收集貼紙或印章的過程，鼓勵學習或導正行為，這便是將學習遊戲化。

◆ 打破框框：不被現有框框限制

你是否發現，除了你的專業以外，其他的東西統統都

不懂？所以，你的工作平淡無奇，或許是因為你的生活索然無味。你的銷售業績不好，或許是因為你的興趣不夠多；你的點子不夠多，或許是因為你的旅行不夠多；你的工作難題一直無法解決，或許是因為你對生活的體驗太少。

所以，有創造性思維的人，會讓自己廣泛接觸不同的事物，才有機會在現有的問題上注入全新的思考。

◆組合：善於增加新元素

你是否覺得自己每次想出來的點子都是老梗，了無新意？其實我們身邊到處有隨手可得的東西，只要打開感官開始尋找，或許下一次你可以從即將丟棄的報紙或雜誌中隨機找到寶藏。

所以，有創造性思維的人，會善於運用身邊到處可見的隨機發現而增加新元素，在現有的計畫上注入全新體驗。

◆消除：善於專注以更少做更多

許多企業這個想做、那個也想做，許多活動這個要加入、那個也要整合，也就是每個都不想放棄，但是永遠覺得資源不夠，其實最終的心魔就是「心太大」。人生也是一樣，每個都要做卻只做到六十分，不如只做一件事，而且把這一件事做到一百分。

所以，有創造性思維的人，會以更少做更多，專注於自己的核心價值，並運用各種方法使盡全力把價值最大化。

◆ **改變：善於改變角度站在客戶的角度思考**

顧客真正要買的其實不是你的產品或服務，而是他們需要透過你的產品或服務，完成他們的某件任務或解決某個問題。

所以，有創造性思維的人，會永遠站在客戶的角度思考，並且永遠想得比客戶多一點。

◆ **反向：善於逆向思考**

大部分人的慣性思維就是看到缺點就必須改善它，然而如果我們學習將缺點變成優點，這就是逆向思維。

所以，有創造性思維的人，會嘗試從相反的角度看待同一件事，創造不同的價值。

◆ **借用：善於借用異質元素**

每個人或每個產業都有一套固定的模式在運行，所以一群相同性質的人想出來的點子都了無新意，我們應該開始從跨界學靈感。

所以，有創造性思維的人，會從跨界吸收好方法、找到好靈感，再運用到自己身上，創造獨特的體驗。

這九個創意思考元素建構了你的CQ創造力商數

（Creativity Quotient），CQ創造力商數是指一個人面對事物、解決問題時，能夠超越現狀、開創新事物的能力。

把無聊的問題變有趣

當客戶排隊的等待時間很長造成客戶滿意度下降，我們想解決這個問題，如果運用左腦邏輯思考的方式，我們可能會把議題訂為「如何縮短客戶排隊時間？」但是運用右腦創造性思維的方式，我們可能會把議題訂為「如何讓客戶排隊時，不但不會覺得不耐煩，還會覺得有趣？」

▌ 創意九式的運用原理與方法

創意九式	產生創意的方法	如何產生創意
一、疑問：質疑現狀	運用質疑現狀的方式產生創意	• 現有規則為何這樣設計？ • 這個固有模式是否還適合現在的環境？ • 為何大家會習慣這樣做？ • 為何發生這個問題？這個問題背後的問題是什麼？
二、觀察：觀察使用者行為	運用深入觀察產生洞見的方式產生創意	• 從深入觀察客戶行為中發現了什麼？ • 客戶為何這樣使用？ • 客戶第一次如何使用？ • 環境與趨勢發生了什麼變化？

（續下頁）

左思右想：
36堂有效解決工作難題的創新思考

創意九式	產生創意的方法	如何產生創意
三、兒童：學習孩子的眼光，運用樂趣創造快樂	運用如小孩般嘗試或摸索的方式產生創意	• 如何多用幾種方法同時進行嘗試？ • 如何像小孩一樣有樂趣參與？ • 如何讓小孩很簡單就懂？
四、打破框框：不被現有框框限制	運用打破規則的方式產生創意	• 如何加入不同元素？ • 如何挑戰常規？ • 如何打破遊戲規則？
五、組合：善於增加新元素	運用增加或合併新功能的方式產生創意	• 如何重組創造？ • 如何合併、取代？ • 如何附加、連結？ • 如何跨界整合？
六、消除：善於專注以更少做更多	運用移除或省略功能的方式產生創意	• 如何化繁為簡？ • 如何省略、忽略某些元素？ • 如何除去、刪除某些元素？
七、改變：善於改變角度站在客戶的角度思考	運用改變傳統的方式產生創意	• 如何改變客戶行為？ • 如何改變自己滿足客戶需求？ • 如何站在不同角度思考同一件事？
八、反向：善於逆向思考	運用刻意相反的方式產生創意	• 如何把缺點變優點？ • 如何反轉、顛倒某些做法？
九、借用：善於借用異質元素	運用向別人借創意的方式產生創意	• 如何多元運用異質元素？ • 如何模仿、移植其他人的好做法？ • 如何標竿學習？

　　依照創意九式的方法，我們可以如下思考，以優化客
戶排隊的服務體驗：

創意九式	創意思考型問題舉例
一、疑問：質疑現狀	藉由不斷自問為什麼排隊會不耐煩？得出可能的原因是小孩吵鬧而導致不耐煩，所以可以設置兒童遊戲區讓小孩玩，也可以讓家長放心。
二、觀察：觀察使用者行為	藉由觀察客戶排隊時都在做什麼，發現他們都想先看菜單，所以可以在排隊時先幫客戶點餐，點完餐，或許排隊就結束了。
三、兒童：學習孩子的眼光，運用樂趣創造快樂	如果要排隊，動線怎麼安排會比較好？可以自己嘗試摸索看看，或許可以重新設計排隊動線。
四、打破框框：不被現有框框限制	誰說排隊只能是排隊？我們可以結合幫客戶按摩服務，或是剪頭髮服務等周邊服務，讓客戶覺得排隊也可以順便完成很多事。
五、組合：善於增加新元素	我們可以留下客戶手機，加上排隊資訊的簡訊通知，這樣可以讓客戶先在外面逛街，時間到再進來。
六、消除：善於專注以更少做更多	我們可以取消現場排隊，改成預約制，讓客戶在家裡先安排自己的時間，時間到再出發前來餐廳即可。

（續下頁）

創意九式	創意思考型問題舉例
七、改變： 善於改變角度 站在客戶的角 度思考	我們可以把發放取票號後，客戶還不斷向店員詢問 「到幾號了？」的狀況，改成在門口設置大螢幕， 上面可以顯示排隊號碼。
八、反向： 善於逆向思考	把發號碼牌給客戶這個動作，反向思考，改成讓客 戶可以自助DIY取號。
九、借用： 善於借用異質 元素	我們借用打電動會忘記時間的觀念，在門口設計遊 戲機，讓客戶可以在排隊時還能打電動，忘記排隊 的不耐煩。

　　藉由創意九式思考表，可以幫我們盡可能的多面向思考，激發自己潛藏的創造力，建議大家可以將創意九式思考表列印出來，平時多練習，會在創造力上獲得很大的幫助。

　　每天五分鐘，例如在坐捷運的時候，看到車廂內的廣告，選擇一個廣告開始拆解這則廣告運用了那些「創意九式」的元素，如果是你，如何可以透過「創意九式」想出不一樣的點子。如此持續練習運用創造性思考的技巧，讓它成為一種態度與習慣，就能讓我們成為點子永不匱乏的思考者。

第 1 章

將邏輯說清楚

◆ 為什麼光從目標設定，
　就可以看出你是否具有邏輯思考的能力？

◆ 為什麼太快給解決方案，反而死比較快？

◆ 為什麼說話沒有邏輯？

◆ 該如何才能把話說得有條理又清楚？

◆ 為什麼有邏輯的簡報更具專業性？

◆ 為什麼縮小範圍才是達成共識的好方法？

◆ 為什麼接到任務就說「好」的人，總是升不上去？

◆ 為什麼拜訪客戶不要一開始就介紹產品？

◆ 為什麼思考模式與分析架構決定你的價值？

本文技巧運用的邏輯九式與創意九式

結論	因果	三點	拆解	先後	流程	量化	比較	事實
觀察	疑問	兒童	打破框框	組合	消除	改變	反向	借用

為什麼光從目標設定，就可以看出你是否具有邏輯思考的能力？

▶ 運用 PSID 進行工作目標設定報告

有次客戶進行新年度的各部門年度計畫報告邀請我出席，當天總共有十三個部門進行年度計畫的報告，我對於其中一個部門的陳經理印象非常深刻，因為他的年度計畫非常清楚而且具體。

果然整個報告結束之後，總經理也對陳經理讚譽有加，中午吃飯大家閒聊時，我特別分享對陳經理的觀察，沒想到總經理緊接著說，「這位陳經理在所有經理職中的晉升速度最快，除了執行力很高外，他的邏輯清楚、計畫具體，更是讓我非常放心把重要任務交給他！」總經理的評價讓我對陳經理更是感興趣。

緣分就是特別奇妙，離開公司前，我正好在大廳遇到陳經理，簡單寒暄後，我便跟他分享我對他今天早上的

觀察。「我覺得您在講年度目標與任務目標的部分特別的棒，可否請您分享一下怎麼思考目標設定這件事？」

沒想到陳經理非常熱情且不吝分享他如何思考目標設定，再次印證，果然從目標設定就可以看出背後的邏輯思考。

從主管的需求推敲報告的方向

想想看，當主管問，「你今年的目標是什麼？」大部分人會回答，「降低百分之二十的成本。」當主管問，「這個專案的目標是什麼？」大部分的人會回答，「準時完成。」

身在職場，不管在任何位階，都常常在做目標設定，不管執行能力強不強，如果能夠讓主管對你的計畫有清楚的目標與掌握度，主管一定會提高把這個重要任務交付給你的信任感。那麼，到底該如何讓自己擁有這樣的思考能力？背後有沒有一定的邏輯思考SOP可以參考遵循？

讓我們站在主管的角度來思考，當主管在聽你的目標設定時，心中一定會有四大疑問：

一、這個目標真正要解決的問題是什麼？

二、這個目標具體內容是什麼？

三、如何衡量你能否完成這個目標？

四、目標中的關鍵重點有哪些？

以四大疑問架構目標設定報告

我設計了「一分鐘目標設定報告」表格，針對主管四大疑問來回答：

四大疑問	內容	報告內容範例
Problem 問題點	列出問題點或機會點，清楚了解與定義問題。	過去一年，客戶抱怨最多的就是交貨速度太慢。
Scope 目標具體內容	截止日	在2016年12月31日前
	投入的資源（人、預算）	業務部門與系統部門組成五人團隊
	範圍	縮短交貨流程
Index 目標衡量指標	衡量指標	縮短交貨流程
	衡量指標具體說明	由72小時縮短成48小時
Deliverables 目標關鍵重點	主要交付成果或重要事項，拆解目標中的重點工作，將解決方案展開成行動步驟。	第一，交貨流程改善方案。 第二，交貨流程職責崗位說明書。 第三，交貨流程管理平台。

　　以上的表格如果轉換成向主管報告的一段完整說法，就是：

　　過去一年，客戶抱怨最多的就是我們的交貨速度太慢。所以在二〇一六年十二月三十一日前，業務部門與系統部門組成五人團隊縮短交貨流程，我們要將交貨時間縮短百分之三十，也就是由七十二小時縮短成四十八小時。為了完成目標，我們要有最重要的三件事要做：第一、交貨流程改善方案。第二、交貨流程職責崗位說明書。第三、交貨流程管理平台。

　　相信如果以這種方法向主管報告目標，一定在主管心中留下深刻印象，更願意相信你會達成目標。

本文技巧運用的邏輯九式與創意九式

結論	因果	三點	拆解	先後	流程	量化	比較	事實
觀察	疑問	兒童	打破框框	組合	消除	改變	反向	借用

為什麼太快給解決方案，反而死比較快？

▶ 運用4D問題分析與解決的邏輯思考

Robert是一家企業的總經理，有一次找我幫他們解決一個延宕已久又爭吵許久的業績問題，並邀請我參加他們的第一季業績檢討會議了解狀況。

在會議中，我聽到最多的問題就是銷售業績逐年下滑，有些人覺得要增加業務員，有些人覺得要增加新產品，似乎每個人都有正當理由並都堅持己見，都認為總經理應該聽他的意見，Robert也很兩難，轉頭看我一下，希望我能獻策。

我走到大家面前，簡單分享對剛才開會的觀察後，便提出一個問題，「有誰可以準確的告訴我，到底我們正在討論什麼問題嗎？」

「就是業績愈來愈差啊！」有人這樣回答。我說，「這是表面問題，並不是真正的問題喔！」只見大家一陣

疑惑。

好在有位主管接話說，「您的意思是，我們沒有找到真正的原因嗎？」

「沒錯！」我向他點頭微笑，接著轉頭向大家繼續說，「請大家整理一下為何業績不好的原因。」

經過半個小時後，整理出三大理由：人員士氣低落、產品品質不佳、價格太貴。

「太棒了！」我笑著說。

我繼續問，「接下來怎麼辦？」

「辦個活動，提振一下士氣」、「提高產品品質」、「降低價格」，大部分的人這樣回答。

我繼續問，「這樣就可以解決嗎？」只見大家又一陣疑惑。

另外有位主管接話說，「您的意思是，我們還是沒有找到真正的原因嗎？」

我說，「請大家針對這三個理由，多問幾次為什麼，以及試著用數據分析一下原因。」我把現場分成三組，一個小時後請他們分別上來報告分析出來的原因。

一個小時過去了，大家分別進行原因分析，其中一個數據令大家覺得非常有興趣。

「過去兩年，這個市場共有一百次標案，我們公司參

與競標七十次，共得標二十次。」大家突然發現，原來公司的得標率這麼低。

經過團隊重新定位問題後，我做了一個簡單的評論，「所以我們要解決的真正問題，不是表面的業績下滑，而是競標得標率太低。」於是大家馬上重新訂定方向為：提高參與競標的得標成功率至百分之五十。

接下來討論的解決方案不但快速形成共識，更提高了團隊信心。

正確的分析才能對症下藥

事實上，無論是職場工作者或經營事業，無論在組織中擔任什麼職務，分析問題與解決問題絕對是不可或缺的核心能力之一。

但是，所謂的「問題」到底是什麼？很多人常常自認有解決問題的能力，卻常連問題的核心都沒找到，解決問題必須有一套邏輯思考的方法，可以依照下面四個步驟，有邏輯的讓問題的答案浮現出來！

第一步，發現問題與定義問題（DEFINE）

解決問題的原點在於發現真正需要解決的問題，不要把表面問題當成真正的問題。

第二步，找出問題發生的真正原因（DISCOVER）

一、將問題可能原因進行分類，並基於事實分析。

二、連問五個「為什麼？」：豐田汽車公司有個方法，當發現問題時，要連問五次為什麼並進行分析。

第三步，設定解決問題的具體目標（DEVELOP）

設定團隊可以達成的目標，或是有能力解決的具體目標，是在思考解決問題對策前最重要的一步。

第四步，提出適合的解決對策（DECISION）

提出問題的解決對策時，需要針對解決方案進行細部的行動計畫拆解。

有效的四步驟節省時間和精神

請讀者回到這個會議中我所引導的步驟，再來對照解決問題的四個步驟，各位發現了什麼？

	一般做法	有效做法
第一步 發現問題與定義問題 （DEFINE）	• 不知道問題在哪裡，直接想要解決問題 • 把表面問題當成真正問題	清楚了解與定義問題

（續下頁）

左思右想：
36堂有效解決工作難題的創新思考

	一般做法	有效做法
第二步 找出問題發生的真正原因 （DISCOVER）	• 沒有分析原因，直接想要解決問題 • 把表面原因當成真正原因	尋找真正原因
第三步 設定解決問題的具體目標 （DEVELOP）	沒有設定目標，直接想要解決問題	重新定位問題 設定解決目標
第四步 提出適合的解決對策 （DECISION）	省略以上三個步驟，直接跳進這一步	將解決方案展開成行動步驟

　　大部分的團隊太急於想解決問題，太快給解決方案，往往忽略了一個可怕的事實：我們正在解決一個錯誤的問題。所以嚴格按照這個邏輯思考依序思考與解決問題，才是正確的方法。

　　問題解決能力常決定你在主管眼中的價值，也是主管最看重部屬的能力。當你碰到問題時，便可運用以上提及的四大步驟提升自己解決問題的能力。

本文技巧運用的邏輯九式與創意九式

結論	因果	三點	拆解	先後	流程	量化	比較	事實
觀察	疑問	兒童	打破框框	組合	消除	改變	反向	借用

為什麼
說話沒有邏輯？

▶ 善用「結論→依據，根據→結論」，立即提高說話邏輯力

Robin是我的一位客戶，擔任某間企業的董事長特別助理，我們互相合作了三年，每次跟她聊天總是非常愉快，她總是跟我分享許多經驗。

有一次我問她，「董事長日理萬機，如何能夠在短時間決定要不要重用或提拔一位員工？」她笑了笑，端了一杯咖啡給我，跟我說了一句話，「回答問題的說話邏輯！」我立即回覆，「哇！太棒的一句話！」於是我們對這個議題討論很久，並找出提高說話能力的關鍵方法。

以三段式回答呈現重點

在關鍵時刻到底該怎麼回答問題，才能具有邏輯性，並獲得高階主管的青睞？以下提供回答問題的SOP給大家參考。

三段式回答問題：

當主管問你，「這個專案進行得如何？」、「昨天客戶為何會取消訂單？」、「這兩天客戶為何會接連抱怨這個問題？」等問題時，你都怎麼回答？

很多人習慣回答，「一切順利」或「問題很嚴重」，其實這對主管而言，根本沒有回答問題，主管根本無法掌握這個問題。

讓我們先思考一下，當主管時間有限，他最想在你的回答中聽到不外乎三點：

一、**結論**：這件事你的結論是什麼？你的建議是什麼？

二、**依據**：為什麼你會這樣建議？依據的原因或事實是什麼？

三、**結論**：所以接下來要做哪些事？需要我做哪些決策嗎？

為了盡快抓到回答問題的要點，並根據前面提到的三點，我設計了一張「一分鐘回答問題表」，我們應該依照以下三段式的方法回答主管問題：

段落	內容	範例
第一： 先說結論	把你的結論以一句話說出來。	這個專案需要延後兩周完成。
第二： 接著說依據 （一至三點）	言簡意賅，最多三點陳述你的理由或是依據。	因為客戶臨時增加一個要求、有一個功能比預期複雜多出了三天完成，以及測試出現三個嚴重的品質問題。
結論： 最後說明行動方案	以一句話說明下一步的執行動作。	我們要在下周一確認客戶所新增功能的測試結果，以確認專案可以依照進度完成。

一分鐘得出完美答覆

　　一，先說結論：主管都希望在有限的時間內，迅速聽到重點，所以回答問題不要拖泥帶水，一定要學會先說結論。

　　例如，當你被問到，「這個專案進行得如何？」應該直接回答結論，「這個專案需要延後兩周完成。」

　　二，接著說依據：也就是結論是如何產生的依據，一至三點即可。

　　這個步驟是說話有沒有邏輯的重點，這三點是如何支撐前一段結論，必須讓主管迅速又全面的理解。

延續上一段「這個專案需要延後兩周完成」的例子，我們可以這樣說，「客戶臨時增加一個要求、有一個功能比預期複雜多出三天完成，測試出現三個嚴重的品質問題。」

三，**最後說明行動方案**：最後說明哪些重要事項需要做或是需要決策。

延續上一段的三個依據，可以說，「我們要在下周一確認客戶所新增功能的測試結果，以確認專案可以依照進度完成。」

身為部屬，最常被主管要求回答問題，幫助主管快速進入狀況，甚至讓主管覺得你的回答有理有據非常重要，以上所建議的三段式回答問題SOP是一個非常好的工具，希望大家多多練習，提高自己說話的邏輯能力。

本文技巧運用的邏輯九式與創意九式

結論	因果	三點	拆解	先後	流程	量化	比較	事實
觀察	疑問	兒童	打破框框	組合	消除	改變	反向	借用

04

該如何才能
把話說得有條理又清楚？

▶ **藉由八個格子讓思慮清楚，報告有條理**

有次開會中的休息時間，有兩個人各自來找他們的主管Dennis報告問題，其中一個人被Dennis斥責了一頓，另一個人卻被Dennis稱讚。

坐在Dennis旁邊的David便好奇的問了原因，為什麼這兩個人的情況這麼不一樣？只見Dennis與David討論得很熱烈，並得出一個結論，「把要做的事情邏輯講清楚，比什麼都重要。」

到底應該怎麼思考？怎麼報告？才能讓主管覺得你的邏輯很清楚，要做的事情很清楚。

左思右想：
36堂有效解決工作難題的創新思考

以6W2H解決對策思考架構表

在正中間填上解決方案名稱，周圍八個格子則按照6W2H的思路進行思考：

1. 為何（why） 為什麼要解決這個問題？解決方案為什麼要這麼進行？要達到什麼樣的目的？	2. 何事（what） 必須執行哪些工作項目以解決現狀與預期的差距？需要準備些什麼？目標是什麼？	3. 何時（when） 什麼時候開始？什麼時候完成？什麼時間點進行階段檢查？
8. 多少錢 （how much） 預算是多少？投入多少成本（人力、原料、設備、外在資源等）？回收多少效益（利潤、投資報酬率等）？	解決方案名稱	4. 何地（where） 在什麼地方執行這項工作較為適當？例如實施地點，通路選擇或是目標市場等。
7. 如何做 （how to do） 如何實施與執行的具體方法？要用到哪些技術和工具？應遵循怎樣的流程？	6. 為誰（whom） 為了誰而做？發起人是誰？最終用戶是誰？	5. 誰（who） 由誰負責執行？由誰協助配合？由誰監督流程與驗收？專案小組成員有哪些人？

▍範例：新產品A的網路行銷案

1. 為何（why） 網路是新興媒體，新產品A需要藉由網路行銷提升業績。	2. 何事（what） 設計一個新產品行銷網站，將新產品A上市活動以社群媒體與網路行銷方式進行，將可在一個月內有效接觸目標客戶。	3. 何時（when） 我們預計在8月1日至9月15日推出新產品A網路行銷活動，並且每周一進行檢討改進。
8. 多少錢 （how much） 以五人團隊的人力，投入總預算成本為20萬，將可提升業績15%，創造250萬的業績，創造30萬人次點閱率與150篇分享文。	新產品A 的網路行銷案	4. 何地（where） 我們將以前三大網路購物通路進行廣告推送，目標族群鎖定網路玩家。
7. 如何做 （how to do） 網路行銷活動將分三階段進行： 第一階段為預告階段：以猜謎活動揭開序幕引起好奇心。 第二階段為搶購活動：以限時限量搶購活動掀起高潮。 第三階段為分享階段：以使用心得分享送禮方式擴大知名度。	6. 為誰（whom） 產品最終用戶鎖定為18至25歲網路玩家。	5. 誰（who） 以行銷部Amy負責此次活動總策劃，產品部協助，共計組成五人的專案團隊。

　　只要一頁紙，依照「6W2H解決對策思考架構表」這個九宮格進行思考，便可以很有邏輯的把要做的事情講清楚。

　　當團隊出現最終的想法準備思考如何執行時，需要有一個完整的機制逐一檢查計畫的完整性。這個工具很好用，將最終的想法以6W2H的方式進行思考，逐一回答並得出完整的計畫。

本文技巧運用的邏輯九式與創意九式

結論	因果	三點	拆解	先後	流程	量化	比較	事實
觀察	疑問	兒童	打破框框	組合	消除	改變	反向	借用

為什麼有邏輯的簡報更具專業性？

▶ 運用三三三簡報架構，讓表達更有邏輯又專業

有次我獲邀擔任某家企業的創新提案評審，經過激烈的八組簡報後，我們五位評審進入評審會議室進行最後決選討論。其中Ａ隊與Ｄ隊兩組的實力相當，表現都很棒，分數並列第一，現場評審需要討論出第一名要頒給Ａ或Ｄ。

雖然現場評審分成兩派，但是其中一位評審表示，他認為兩組的創新程度都很高，可行性也都很高，但是整體而言，Ｄ隊的簡報表現很有邏輯又非常專業，我們應該給予Ｄ隊冠軍的鼓勵。

在職場上，簡報能夠很有邏輯，的確能夠展現出非常的專業，更能夠得到主管的青睞。到底要怎麼做，才能讓簡報「很有邏輯又非常專業」呢？

搞懂「三三三架構」，就搞定簡報

簡報課程設計的「三三三簡報架構」可以幫助你，立刻讓簡報有邏輯又專業。

▌以「三三三架構」做簡報

STEP 1 將簡報內容分成三階段	STEP 2 每一階段找出三個重點	STEP 3 報告順序要有「一二三」

第一個三：以三個階段陳述簡報，分別為「在開場拋出問題」、「主體解決問題」、「結尾回顧問題與解決方案」。第二個三：每段最多三個重點。如何適當的將簡報分成三個階段，並將每個階段最多列出三個重點，可以參考範例一和範例二。

讓每頁的簡報能夠相互串連

在「三三三簡報架構」中的第三個三，則是要讓聽眾感受報告的順序是「一二三」，而不是「一一一」；也就是上一頁跟下一頁要能串連，不是獨立的。

例如，要做公司的簡介報告，假設簡報總共有四頁，

第一頁是公司成立的歷史沿革，第二頁是過去的輝煌成績，第三頁是公司服務的客戶，第四頁是公司的產品。

大部分的簡報者都會類似下面的進行方式做：

當簡報在第一頁，回頭看了一下簡報檔，再回頭看著聽眾說，「這是我們公司成立的歷史沿革……」到了第二頁，回頭看一下簡報檔後，再看著聽眾說，「這是我們公司過去的輝煌成績……」同樣的，到了第三頁和第四頁，

▌範例一：專案管理課程在企業內訓實戰案例分析

三個階段	
開場拋出問題	專案管理課程三大挑戰 1. 對公司：效益不明顯？ 2. 對學員：理論工具太多？ 3. 對我們：無法落地？
主體解決問題	挑戰一：對公司成效不明顯？ 解決一：將公司未來一至兩年的策略帶 　　　　進教室演練 挑戰二：對學員理論工具太多？ 解決二：一套模板十種情境 挑戰三：對我們如何落地看到成果？ 解決三：設計菁英回訓
結尾回顧問題與解決方案	第一式：未來兩年策略置入 第二式：一套模板十種情境 第三式：設計回訓看到成果

▌ 範例二：防火牆網路安全產品上市

三個階段	
開場拋出問題	網路安全三大挑戰： 1. 網路病毒。 2. 不當使用。 3. 流量占用。
主體解決問題	挑戰一：網路病毒。 解決一：網路病毒防禦包。 挑戰二：不當使用。 解決二：網路監控設計。 挑戰三：流量占用。 解決三：流量限制設計。
結尾回顧問題與解決方案	三合一（網路病毒防禦包＋網路監控設計＋流量限制設計）可有效解決網路安全三大挑戰。

也都是同樣的動作和類似的話語跟聽眾表示，「這是我們公司成立的……」

這就是所謂的「一一一」，每一頁都是獨立的，聽眾沒辦法從你的簡報當中，聽出上一頁與下一頁的關聯。

然而，一位令人覺得專業且有邏輯的簡報者會這樣做：

當簡報在第一頁的歷史沿革部分，不需回頭看簡報

檔，而是直接看著聽眾說，「我們公司……」當第一頁歷史沿革要說明的內容到了結尾，先不切換到第二頁的輝煌成績，而是直接看著聽眾說，「我們公司成立超過二十年，到底有哪些輝煌成績？」然後再將簡報切換到第二頁，看著聽眾說，「例如……」

　　然後，到了第二頁的結尾，先不切換到第三頁服務客戶的部分，而是直接看著聽眾說，「而這些輝煌成績是否有客戶與我們合作呢？」然後再將簡報切換到第三頁，看著聽眾說，「我們的客戶有……」

　　同樣的，到了第三頁結尾，也先不要切換到第四頁，先看著聽眾說，「而我們的客戶喜歡我們什麼產品呢？」當簡報切換到第四頁，再跟聽眾說，「例如產品 A……」

　　利用以上三個三的架構，相信能夠有效幫助你的簡報立即具有邏輯性。

本文技巧運用的邏輯九式與創意九式

結論	因果	三點	拆解	先後	流程	量化	比較	事實
觀察	疑問	兒童	打破框框	組合	消除	改變	反向	借用

為什麼縮小範圍
才是達成共識的好方法？

▶ 有邏輯的引導團隊達成共識

Jerry在企業擔任經理，在我幫他們執行創新輔導專案期間，多次互動後成為好朋友。在一次午餐中，Jerry邀請他的老闆一起用餐，吃飯聊天時才知道，Jerry是老闆決定要培養的接班人，因為老闆覺得Jerry很會引導團隊達成共識。

當天下午我剛好就有機會親眼看見Jerry引導一個工作坊，幫助大家達成共識，那是客戶的季度會，各部門主管在會中討論上一季度的經營成效。

Jerry主持這個會議先設定一個規則，「希望大家先不要互相批評，也不用事先自己判斷這個點子好不好，盡管提出想法即可。」聽完這個規則後，我心裡想，這真是很棒的規則，可以引導大家踴躍提建議。

會中對於一個關鍵議題「如何提高下半年的業績？」

引發了熱烈的討論，大家共同討論出超過五十個想法。
Jerry這時希望大家對於這些想法進行排序，由於大家一
方面對於如何決定優先順序的規則不清楚，一方面點子也
太多了，所以大家僵持不下，不曉得如何處理。

　　事實上，動腦會議的前半段是發散點子，後半段是收
斂點子，所以上面這個情況在實務上也經常發生，在開動
腦會議的時候，點子很多而不知道如何評估哪個點子比較
好，這個時候建議以三個階段進行評估。

第一步，以四個象限縮小範圍

　　各位還記得賈伯斯在Macworld 二〇〇七發表第一代
iPhone時，簡報中有一段是這樣說明行動電話的分類，
「最先進的智慧型手機，通常就是電話上面有些較小
QWERTY鍵盤，但重點是，它們既不聰明，也不好用。
如果你用很基本的圖形，橫軸代表好用度、縱軸代表聰明
度，就會發現一般手機在最底部、不聰明也不好用，智慧
型手機聰明一點，可是還是難用！iPhone 呢？在最右上
方，既好用、又聰明！」這是一段賈伯斯在簡報中運用四
個象限圖的例子。

　　在《賈伯斯》傳記的書上也說到了以下一段：

賈伯斯在一次大型產品策略會議上大喊，「這簡直瘋了！」

他抓起一支奇異筆，以白板為框，中間畫一條縱軸與一條橫軸，分成四格矩陣，接著說，「我們要的是這個。」

他在矩陣的兩個縱列上方，各寫了「一般消費者」與「專業人士」，橫排的左側則各寫上「桌上型電腦」與「可攜式電腦」。

他說，「蘋果的任務就是為這四個領域各製造一種偉大的產品。」

席勒回想，「整間會議室陷入錯愕的沉默。」

以上摘錄自《賈伯斯傳》第四百五十六至四百五十八頁，這是賈伯斯運用四個象限圖的例子。

所以，如何在眾多想法中快速縮小範圍，四個象限圖是一個非常棒的工具。

你只要在白板上畫一個十字線，就可以分成四個象限，再把所有想法按照象限進行分類，就可以進一步縮小範圍，讓大家更容易聚焦。

十字線常見的分類法有以下兩種：

第一種，常用於時間管理或事情的分類：

橫軸為重要、不重要，縱軸為緊急、不緊急。

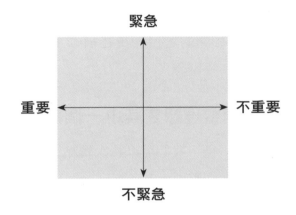

第二種，常用於銷售與市場策略的分類：

橫軸為新產品、現有產品，縱軸為新市場、現有市場。

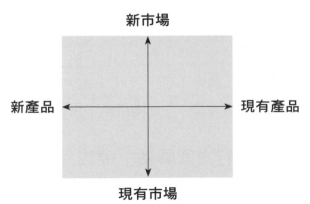

除此之外，還可以常見分為內部、外部，單一、整合、理性、感性等，可以視需要自行設計。

所以回到原先的故事，我先在白板上畫一個十字線，既然是策略管理相關的題目，我在橫軸上寫重要、不重要，縱軸為緊急、不緊急。

第二步，快速整理聚焦其中一個象限

分成四個象限後，我們可以將大量點子分到這四個象限中進行快速分類與整理。

接下來就要聚焦在某個象限中，例如前面故事中，大家一致決議先聚焦在「重要又緊急」的象限中。在這個象限中，我們發現共有十二個點子，所以我們就以這十二個點子進行篩選。如何篩選呢？

回到我們所設定的目標即可，因為我們的目標是下半年的業績，所以只要半年內無法執行完成的就先刪除，所以刪除後只剩下五個點子了。我可以選擇五個全做，或是進到下一階段，選擇其中一或兩個點子來執行。

第三步，「執行方案評估」達成共識

經過上一個步驟，大家共同篩選出五種解決方案，

五大要點評估新提案

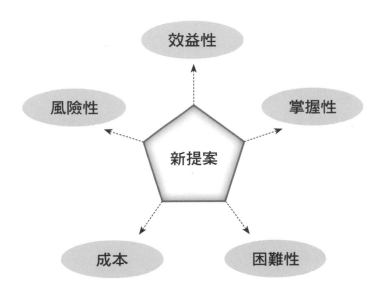

到底哪個點子比較好？不能純以個人喜好進行投票，也不能一個人說了算，而是要達成團隊共識。如何達成團隊共識選出最適合我們的點子呢？執行方案評估（Ideas Evaluation）這個工具就很好用，可以幫助我們將產生的新構想以五大面向進行評估。

如何進行執行方案評估？請依照下面九個步驟選出最適合我們的最終決策。

A、列出好點子：將動腦會議中所篩選的五個新構想放在表格上方的點子一到五。

B、五大評估方法：

◆效益性：結果導向或目標導向，也就是從點子能產生的結果進行評估。

◆掌握性：自我控制能力，也就是從是否能控制資源、讓這個點子發生或執行進行評估。

◆困難性：技術或流程複雜性，也就是從點子執行的技術或流程進行評估。

◆成本：人或錢，也就是從點子執行需要的人力、資源與預算進行評估。

◆風險性：潛在風險，也就是從未來可能發生的風險進行評估。

C、設定權重百分比：將五大評估方法設定各自的權重百分比，總共為百分之一百。

D、依序在每個評估項目中，為點子一到五進行評估，填入一分到五分，請注意分數必須是「一、二、三、四、五」不一樣的分數，而不行像是「一、一、一、五、五」來填寫，因為這是強迫你進行選擇，選擇本身就是一件難事。

E、效益性與掌握性兩項與分數成正比，例如效益性愈高的點子，分數愈高；**困難性、成本與風險性三項與分數成反比**，例如困難性愈高的點子，分數愈低。

　　F：**進行合計**：各項分數必須先個別乘以權重，才能進行加總。

　　G：**排序**：得分最高到最低依序排名，得出一二三四五的名次。

　　H：**思考如何讓點子更好**：例如點子二雖然是第一名，但是有三項分數是四分，顯示還有改善的空間，請思考如何從四分變五分。

　　I：**整合點子讓整體方案更好**：如果要將這五個點子整合成一個方案，就要思考如何將各個點子的優點（各個評估項目中的五分）進行整合。

執行方案評估範例

方案 評估項目	點子 一	點子 二	點子 三	點子 四	點子 五	Weight 權重%
效益性	4	5	2	1	3	30%
掌握性	2	4	1	5	3	20%
困難性	2	4	1	5	3	10%
成本	2	5	1	4	3	20%
風險性	2	4	1	3	5	20%
合計	2.6	4.5	1.3	3.2	4.4	100%
評估結果	4	1	5	3	2	

本文技巧運用的邏輯九式與創意九式

結論	因果	三點	拆解	先後	流程	量化	比較	事實
觀察	疑問	兒童	打破框框	組合	消除	改變	反向	借用

為什麼
接到任務就說「好」的人，
總是升不上去？

▶ 接到任務的第一刻，先想問題再想對策

上周跟友人吃飯的時候，有幾位朋友因為是同一家公司，所以在吃飯的時候也常常聊一些屬於他們公司的八卦與故事，我也樂得當一個好聽眾，聽聽看他們在聊什麼？

「你啊！就是人太好！什麼事都攬下來做才會這樣。」Bob指著Alex說道。Alex說，「我覺得能幫就盡量幫大家的忙，老闆也常常交代事情給我，只是我都不一定可以幫到他的忙。」

Bob說，「你以後不要每次老闆交代你任務就說『好』，知道嗎！」只見Alex傻傻地對著Bob笑。

聚會結束之後，他們告訴我，Alex是最資深的助理，一直升不上去。

　　我在回家的路上一直想著，「每次老闆交代任務只會說『好』，這樣子不好嗎？」先不說好不好的答案，這樣太主觀。我想先來談「除了說『好』，還有更好的方法嗎？」

　　在工作中，每個人的任務都非常繁重，而公司是個團體，需要互相合作，所以許多人在請對方幫忙時，都會因為時間很短而省略一些細節，只希望趕快交代完畢，這不是故意的，而是時間不容許我們交代太久。事後等到接近結果時才發現，這不是自己要的，一切都太遲了。因此下次接到任務時，請先思考三件事。

第一，確認差距

　　舉例來說，這條生產線每小時能製造一百件產品，聽起來似乎不錯，但是其他條生產線每小時都能生產三百件呢？如果你始終不知道「別人」的標準或水平，就不知道自己的工作狀況有問題。

　　問題，就是「理想」和「現狀」之間的落差。「理想」指的是原訂目標、計畫標準、平均標準或他人標準。如果你不知道「理想」，就不知道問題在哪裡，更遑論，有人連「現狀」都不知道。

　　例如老闆要你把一份企畫案修改一下，老闆心中的理

想是把財務報表加進去，現狀是沒有財務報表無法放入年度預算中，而你對於理想與現狀連問都沒問，就可能忙了半天卻沒有達到老闆的期待。

所以，下次接到任務，先問第一句話，「**這件事的『理想』和『現狀』差距有多少？**」

第二，聽懂了嗎？

初進職場的時候，老闆最常對我咆哮的一句話就是，「不要一直說你懂，你根本就不懂！」

快點執行當然是關鍵，但是如果沒想明白就去做，可能更容易導致失敗。我們最容易犯的一個錯誤就是因為太急著去執行，而沒時間靜下心去思考，聽懂對方到底在說什麼。

例如，客戶今天說要A，你就立即給A方案的報價，明天客戶說要B，你就立即把B端出去賣，服務都很快，但是最後沒有成交。

請問你有聽懂客戶的弦外之音嗎？你有靜下心思考客戶的核心問題是什麼嗎？你有思考客戶要A、要B的目的是什麼嗎？你有沒有冷靜的判斷這個案子的可行性呢？或者客戶根本不知道自己要的是什麼，你有思考如何幫他釐清問題嗎？

也就是說，先別急著執行，先聽懂對方要什麼才是更重要的事。

所以，下次接到任務，再問第二句話，「**你為什麼要做這件事，為什麼要這樣做？**」

第三，哪個更重要？

舉例來說，當你接到任務時，如果你手上有三件事跟對方相關，或是對方交代三件事給你，你可以先跟對方討論，哪一件要先做？

你可以用「緊急性」和「重要性」為兩軸，畫出一個矩陣圖來選擇。

1. 重要性：問題影響的範圍和大小。
2. 緊急性：如果不立刻處理，會產生什麼影響。

試著把這三件事放進這個矩陣中一起來思考，可以讓雙方更有共識。

所以，下次接到任務，再問第三句話，**這件事與那件事哪個更重要？**

如果你接到任務時，無法立即判斷對方或自己手上還有哪些事，只會說「好」，接下來受害的可能是你。

左思右想：

36堂有效解決工作難題的創新思考

▌ 承接任務思考表

思考點	問題	目的
第一， 確認差距	這件事的「理想」和「現狀」差距有多少？	不知道差距，就不知道問題在哪裡。
第二， 聽懂了嗎？	你為什麼要做這件事，為什麼要這樣做？	沒聽懂，沒想清楚對方目的就去做，更容易導致失敗。
第三， 哪個更重要？	這件事與那件事，哪個更重要？	接到任務時，無法判斷對方或自己手上還有哪些事，只會說「好」，接下來受害的可能是自己。

本文技巧運用的邏輯九式與創意九式

08

結論	因果	三點	拆解	先後	流程	量化	比較	
觀察	疑問	兒童	打破框框	組合	消除	改變	反向	借用

為什麼拜訪客戶
不要一開始就介紹產品？

▶ 運用三個步驟與二十六個問題引導客戶

今天晚上跟好久不見的大學同學Joe吃飯，Joe憑著努力已經是業務副總。當天除了吃飯、聊聊大學往事之外，我還藉機請教他的成功經驗，「從菜鳥業務到業務副總，哪一個能力是非常關鍵的？」

Joe無私的跟我分享許多業務的能力，包含新客戶開發、老客戶經營等，分享完後我問他，「如果選一個，會是哪一個？」Joe跟我說，「每次訪談客戶時，如何讓客戶覺得我們很專業、很有邏輯，所以很放心把事情交給我們，這件事是關鍵。」我很驚訝的問，「為什麼是這件事？」Joe說，「這件事做得好，新客戶會願意跟我們合作，老客戶會更願意持續跟我們合作。」

◆　　　◆　　　◆

又到了年底，客戶為今年所有合作的講師與顧問進行評比，幸運的是，客戶通知我們，我們得到了最高分，除了課後滿意度分數最高之外，客戶覺得第一次接觸我們與我在輔導他們的創新專案期間，每一次的訪談都很有邏輯，很快可以談出結論與共識。從以上兩件事可以看出，跟客戶訪談時如何呈現專業與邏輯是非常重要的。

拜訪重要的新客戶怎麼做？

讓我們先思考一個問題，訪談客戶時，客戶最在意什麼？

1. 客戶認為你在乎他的問題。

2. 客戶覺得你了解他們現在的問題以及重點在哪裡。

3. 客戶希望你可以幫助他解決問題。

所以，以下三件事就變得非常重要：

1. 通過提問以及引導技巧，了解客戶需求，所以關鍵在「問」而不在「說」。

2. 對談中聚焦客戶需求與需求中的重點，所以關鍵在「先談客戶需求」，而不在「先談我們的產品與服務」。

3. 以客戶的角度聽出客戶需求背後之需求，所以關鍵在「聽出為什麼需要」，而不在「只把客戶說的話寫下來」。

為了確保這三件事能夠發生，所以跟客戶開會或訪談，我通常會分成三個步驟。

第一個步驟：問問題

請回想一件事，每當你第一次拜訪客戶，你的第一件事是什麼？

第一，進行簡報介紹產品；第二，先聽客戶怎麼說；第三，跟客戶聊聊天。

如果是第二或第三，恭喜你正在做對的事，因為你正在收集客戶信息，並讓客戶知道你在乎他。

如果是第一，那是非常可怕的一件事，因為你還不知道客戶需求就想要提供解決方案，就像你第一次去看醫生，醫生竟然沒有問你任何問題，也就是他還不知道你生什麼病，就直接拿藥給你吃，即使醫生知道這是對的藥，但是你放心這位醫生嗎？

不過你心裡可能會想，「拜訪客戶前，客戶就先把需求讓我知道了，所以我準備的簡報就是針對客戶設計的。」這樣雖然很好，但是現場開會的其他人知道這個需求嗎？至少你可以在簡報前，先簡單說明需求以確認在場的與會人員都清楚現在的情況，這是英文常說的 To make sure we are on the same page。

另一種常見情況是，我們一到客戶的會議室，客戶就以「先聽聽看你們的產品」來讓我們先說或先請我們簡報，此時我通常會回答，「太棒了，您對我們的產品一定非常有興趣，而再好的產品如果無法符合您的需求也不是好產品，所以我們是否在介紹我們產品之前，先了解一下你們的需求？」這樣就可以順利把我們先講話轉變成客戶先講話，為待會兒的簡報或提案預作準備。

所以拜訪客戶的時候，在開始簡報前，還有兩件重要的事情要做：

第一，讓與會人員都清楚今天開會的目的，以及確保與會人員所得到的資訊已經同步了。以下是常見話術：

「今天我們開會的目的是……」

「以我目前所得到的資訊來看，我們現在的情況是……」

第二，以問問題及引導的方式了解客戶需求。

你的手邊應該要有常見的問題集，以方便可以有效得到你要的資訊。如果你馬上就要進行客戶訪談，還不知道要問哪些問題，這是我常用的十四個問題集，可以立即派上用場。

1. 您上一次使用這個產品或服務是什麼時候？

2. 您能不能讓我了解現在／當時的情況？

3. 您現在／當時有什麼擔憂或顧慮？

4. 您為什麼使用這個產品或服務？從何時開始的？

5. 你（不）喜歡現有產品或服務的什麼地方？

6. 您目前用這個產品或服務完成哪些任務？

7. 您現在／當時在面對這個任務的困難是什麼？

8. 您當時解決……困難的方法是什麼？

9. 您認為除了這個方法，還有嗎？

10. 您當時為什麼這樣解決？

11. 如果我們要做到……，可是又有……限制，有什麼方法達到？

12. 您當時的解決方法需要什麼資源或幫助才能執行？

13. 您會對這類產品或服務做什麼改善建議？

14. 什麼議（問）題是您在使用這類產品或服務時會考慮到的？

我通常會利用客戶回答問題的時間做兩件事：

第一，記筆記，把關鍵字記下來。

第二，思考待會兒我的簡報或提案要如何把客戶提到的關鍵字放進來。

第二個步驟：讓客戶多說一點

當客戶在上個階段開始說出他的需求，恭喜你已經踏上成功的第一步，緊接著當客戶在陳述需求的時候，不要只顧著抄筆記，還要開始引導客戶說出「需求背後的需求」，所以如何引導客戶「多說一點」，就成為找出「需求背後的需求」的關鍵。

這是我常用的引導客戶「多說一點」的引導技巧，可以讓客戶多說一點，而不是像在詢問犯人。

1. 理解確認。

「我確認一下，你這樣做是因為……嗎？」

2. 針對細節要求說明。

「你剛說不得已要這樣做……所謂的不得已是什麼情形呢？」

3. 要求更多希望引發更多訊息。

「希望你能告訴我多一點有關……」

4. 細心觀察對方的音調和身體語言。

「我發現你每次一談到……聲音就……」

5. 點出對方心中的感覺。

「你是不是覺得很難過（很委屈、生氣、憤怒、無助、憂傷）？」

6. 讓對方在你身上看到他自己。

「其實我自己也是……」

7. 假設一種可能的情境。

「如果……你會怎麼做？」

「假設……你還會如此嗎？」

第三個步驟：幫客戶整理思路

如果你完成上面兩個階段，恭喜你基本上已經會讓客戶覺得你很在乎他、很重視他的需求，這個階段的客戶通常會希望聽到你如何幫助他解決問題，此時你的專業能力就要開始展現了。

解決問題前，要先確認問題的重點在哪裡。所以上兩個階段客戶說了非常多的資訊，這個階段我們應該要從這麼多資訊中萃取重點出來。所以「幫客戶整理思路」就是此階段的關鍵重點，因為同時你也在幫自己整理思路，幫雙方整理重點。

1. 讓我嘗試整理一下你剛才說的。

2. 所以讓我歸納一下……

3. 這裡有三個重點……

4. 請問您還有要補充的嗎？

5. 如果我是你，我會怎麼做？

先聽再整理，絕對不要一開始就滔滔不絕。希望以上三個步驟可以幫助你下次訪談更成功、更有效率。

經過上述三個步驟，我相信在客戶心中，客戶會開始相信你很專業，很有邏輯，接下來開始準備你的提案與簡報吧！

本文技巧運用的邏輯九式與創意九式

結論	因果	三點	拆解	先後	流程	量化	比較	事實
觀察	疑問	兒童	打破框框	組合	消除	改變	反向	借用

為什麼
思考模式與分析架構
決定你的價值？

▶ 把分析架構放進腦袋裡，防止掉入思考陷阱

有兩個資訊，分別為「這家公司業績好」以及「這家公司業績不好」。請問，哪一項資訊比較重要？

如果你在研究一家公司，翻閱一家公司的個案資料時，看到以上的資訊，腦袋都只是想著「這家公司不錯耶」「這家公司怎麼這麼差」的話，那就要小心了。其實，這兩項資訊都不是很重要，因為這兩項資訊都遺漏了「所以呢？」和「為什麼？」

這家公司業績好或不好已經是事實，但是背後一定有造成這個事實的原因（「為什麼？」），了解原因之後，才能擬定對策（「所以呢？」）。

正確的思考方式應該是「這家公司業績不好→為什麼？→因為年輕族群的接受度不高→所以呢？→必須推出

針對年輕族群的商品或對年輕族群設計行銷活動。」

　　資料必須經過轉換才能變成資訊，上述的「這家公司業績不好」是「資料（Raw Data）」，必須經過轉換（加入「為什麼？」和「所以呢？」）之後才能變成「推出針對年輕族群的商品」的「資訊（Information）」。這是我在清華大學EMBA修「個案研究」這堂課時，學到最重要的思考方式。

　　之後我與班上同學組隊在二〇一二年代表清華大學EMBA參加全國EMBA商管聯盟高峰會舉辦的兩個個案分析比賽「元大盃校際個案分析比賽」與「商管聯盟盃個案論劍賽」，這是兩岸三地頂尖華人EMBA間的標竿賽事，最後我們清華大學EMBA13代表隊幸運地奪得「元大盃」國際組冠軍與「商管聯盟盃」台灣個案組冠軍的雙料冠軍。

　　得到比賽殊榮當然很高興，可是這中間所獲得的「思考模式」，日後運用在我的講師顧問事業與專案輔導中的助益非常大。

　　當我們在解決問題時，為什麼同樣都是問題，有的人找不到答案，有的人乾脆回答「我不知道」，有的人可以找到答案，這中間的關鍵在於思考模式。

思考模式怎麼訓練呢？

思考解決問題的時候，你需要把分析架構放進腦袋裡，比起腦袋空空，善用分析架構，會讓你更容易進行思考，更有機會產生出你的洞見。如果我們把問題解決當成一段旅程，分析架構會讓你以更有效率的方式完成這段旅程。

以當時我們得到個案競賽冠軍為例，我們設計出非常多種的思考模式與分析架構，我以兩段來向大家說明：主架構為思考模式，次架構為分析架構。

主架構：解決問題的思考模式

個案競賽的比賽規則是這樣的，競賽當天早上，我們會被關進一間教室，早上九點準時發放一份厚厚的國際個案資料，我們必須運用五個半小時的時間熟讀這份個案，分析問題提出解決方案，並製作一份簡報，於下午兩點半上台比賽。

由於之前經過超過十次不同個案的演練，我們發現需要一個可適用於不同個案的統一「思考模式」，才能在這麼短的時間內有效率地進行拆解與重構，如同我們在工作中會遇到各種不同的問題，有沒有一套思考模式可以幫助我們更有效率的思考。

　　於是我們設計了一個主架構，把思考模式分成六段：問題、分析、對策、行動、風險、結論，基本上可適用於任何管理上的問題，我現在在幫兩岸各大企業解決問題時，也運用這個思考模式。

　　在企業管理情境中，可以常常看見三種主架構：

　　1. 問題類專案：上述的思考模式。

　　2. 開發類專案：常見四個階段，包含需求確認、設計開發、測試驗證、合約驗收。

　　3. 活動類專案：常見五個階段，包含規劃、宣傳、報名、執行、結案。

▌主架構表：解決問題的思考模式

階段	內容	目的
問題	問題及背景介紹	快速抓出問題的真相與思考的重點
分析	內外部分析	分析內部優劣勢與外部的機會威脅
對策	策略分析	提出解決對策並分析對策是否可以解決問題
行動	行動計畫	完成對策所需的資源與執行步驟
風險	風險管理	對策可能產生的風險分析
結論	報告結論	總結對策如何解決問題

次架構：解決問題過程的分析架構

這個模式適用於整體的思考過程，就像旅途中我們會經過哪些點是一樣的道理。但是到了每個點如何玩呢？這就是分析架構。

這裡列出在管理上最常用的分析架構包含PEST、SWOT、行銷4P、流程、四個象限，基本上也適用於所有管理情境。

1. 見樹不見林，也就是只看細節忘了思考全局。

2. 只靠自己的經驗判斷。

3. 錯在漏掉其中一項沒想到的地方。

以上三項是在思考時最常發生的問題，使用分析架構的好處是可以防止掉入以上三個思考陷阱。

▌次架構表：解決問題的分析架構

分析架構	說明	目的
PEST 分析	PEST分析（PEST Analysis）由Political（政治）、Economic（經濟）、Social（社會）和Technological（科技）這四個英文首字母組成。	企業在擬定策略時，透過評估政治、經濟、社會和科技，這四項因子，有助於企業掃瞄外在環境，分析外部環境情勢。

（續下頁）

左思右想：
36堂有效解決工作難題的創新思考

分析架構	說明	目的
SWOT 分析	SWOT分析是優勢（strength）、劣勢（weakness）、機會（opportunity）與威脅（threat）的英文首字母縮寫。	主要用於分析企業「內部」自身的優勢與劣勢，以及企業「外部」身處競爭對手環伺之下所面臨的機會與威脅。也可以用來分析工作者個人在職場上的競爭力。
行銷4P	行銷4P分別指產品（Product）、價格（Price）、通路（Place）、推廣方案（Promotion）這四個行銷關鍵要素。	主要用於思考行銷計畫或提升銷量點子，或用於分析行銷計畫中的管理與執行事項。
流程圖	流程是指一個階段一個階段的方式將企業管理或商業行為描述出來。	利用流程法來思考每個階段中的步驟、規則，甚至分析每個階段的成本與效率。
四個象限	將事情以四個象限進行分類，常見分類為橫軸為重要、不重要，縱軸為緊急、不緊急，將事情以四個象限進行分類，分別是：既緊急又重要、重要但不緊急、緊急但不重要、既不緊急也不重要。	運用四個象限可以排定優先順序，重點地把主要的精力和時間集中聚焦，從而有效地開展工作。以兩條線畫成十字切割成四個象限的方法已被廣泛運用於多種管理情境，將兩條線以不同方式進行定義即可。例如常用於銷售與市場策略的分類，橫軸定義為新產品、現有產品，縱軸定義為新市場、現有市場。

第2章

找到新發現

◆ 為什麼我們對別人的問題往往很容易看得清楚，
　對自己的問題卻反而不容易看得清楚？

◆ 為什麼你的工作缺乏創造力？

◆ 為什麼重新定義問題，比找答案更重要？

◆ 為什麼客戶的使用方法跟你想像的不一樣？

◆ 為什麼你會自然而然「關掉」觀察力？

◆ 為什麼你會視而不見客戶的需求？

◆ 為什麼問對問題，才是解決問題的關鍵？

◆ 為什麼要改變結果，就要先改變方法？

◆ 為什麼每個人內心都有一個遊戲的DNA？

本文技巧運用的邏輯九式與創意九式

結論	因果	三點	拆解	先後	流程	量化	比較	事實
觀察	疑問	兒童	打破框框	組合	消除	改變	反向	借用

為什麼我們對別人的問題往往很容易看得清楚，對自己的問題卻反而不容易看得清楚？

▶ 「不懂」，其實很有力量

我在網路通訊公司待了超過十年，歷經設計工程師、產品經理，與業務經理的角色轉換，這個產業有一個很基本的專業知識，就是要懂網路技術，身為產品經理需要定義產品規格，所以當你跟內部研發工程師開會的時候，如果你不懂什麼是「192.168.1.1」，你就不用玩了，因為你會完全不懂接下來如何討論產品規格。

讓產品愈來愈簡單使用，是每一個身為產品經理的責任，我們經常會進行市場調查，也會聽聽使用者的意見，除了專業的技術設定意見之外，我們其實常常聽到不懂網路的使用者問，「什麼是192.168.1.1？」我們會立即告訴他，「你必須要進入瀏覽器，輸入192.168.1.1，才能設定

這個產品。」久而久之，我們甚至會覺得這麼簡單的知識，為什麼還是很多人不會。

於是我們開始忽略一種聲音，「我『不懂』192.168.1.1就不能設定產品嗎？」即使這個「不懂」的聲音常常出現。

有一次，我嘗試了某家公司的新產品，透過這個產品的引導，三分鐘之內就把產品安裝設定好了，完成之後，我猛然發現，我剛才並沒有輸入「192.168.1.1」就完成了設定。

這對沉浸網路產業超過十年的我來說，很不可思議。於是我開始對這家公司產生非常大的興趣，持續關注持續研究，果然這家公司，短短幾年以驚人的速度飛快成長。

能飛快成長的成功因素當然很多，其中一個成功關鍵因素也最令我深刻反省，為什麼我會持續選擇忽略這個「不懂」的聲音？

別忽視「不懂」所能造成的影響

如果忽略一次可能是粗心，忽略多次就是大問題了。可是為什麼會這樣呢？

你是否發現對於第一次接觸的人事物，心裡會有許多問號？「為什麼這個會這樣做？」「為什麼那個會如此設

計？」

　　這些問號會驅使你運用質疑現狀來思考許多更好的想法，讓現狀變得更好，但是隨著愈來愈熟悉這家公司，對這個產業愈來愈瞭若指掌，你會開始習慣這一切，即使規則不合理，你還是會選擇接受，甚至開始設下一道道防線防止他人改變這些規則。

　　你很難改變一家自己什麼都知道的公司或改變一個自己再熟悉不過的流程，因為我們對別人的問題往往很容易看得清楚，對自己的問題卻反而不容易看得清楚。

　　所以，有創造性思維的人，即使看待一件熟悉的事物，都要嘗試讓自己回到最初第一次的體驗，開始質疑現有的產業規則、固定模式或運作方式。

　　所以許多成功的企業善於運用外部的一般使用者作為好創意的來源，因為外部的一般使用者完全「不懂」我們的產品如何設計與製造，但是他們卻能夠從外行人與消費者的角度，提出許多令我們意想不到的好建議以及好創意。所以企業可以透過外部「不懂」的力量尋求創新的突破口。

▌ 找到「不懂」衍生的靈感

「不懂」，其實很有力量。

如果你常常抱怨客戶，因為他們「不懂」，不專業，所以才不會使用，才會使用不當，其實你已經錯失最寶貴的創意來源而不自知。

你不會改變一家自己什麼都知道的公司，創新的來源其實也是如此，企業如果要創新，需要的是「不懂」運作方式，甚至「不懂」產業規則的人，往往更有機會能夠打

破規則、突破框框。

　　所以，請開始讓自己嘗試什麼都不懂，開始質疑現有的規則與條條框框，才有機會以不同的角度來看待同一件事。

▌從「不懂」找靈感

列出「我們認為理所當然」，但是「對方無法理解或常犯錯」的流程規則或使用方式	我們可以如何讓「不懂」規則的人容易開始使用
這張表單必須要完成12個欄位	設計表單填寫範例，讓不懂的人可以快速完成填寫
設定路由器必須要輸入192.168.1.1	運用「QR-CODE」掃描快速引導使用者完成設定

02

本文技巧運用的邏輯九式與創意九式

結論	因果	三點	拆解	先後	流程	量化	比較	事實
觀察	疑問	兒童	打破框框	組合	消除	改變	反向	借用

為什麼
你的工作缺乏創造力？

▶ 別讓莎士比亞、貝多芬離你太遠

我的朋友 Bob 是一家科技業公司的主管，想了很多辦法要解決生產效率不佳的問題，都無法有效解決。有一天他外出參加會議的時候，無意間看到一個動植物養殖展覽與研討會，一時興起就走進去體驗一下，沒想到這次的體驗對他產生非常大的幫助。後來他運用養殖業的概念，為這個百思不解的問題想出一個方法，有效提升了生產效率。

為什麼工作缺乏創造力？

你是否發現，除了你的專業以外，其他的東西統統不認識？

這個世界有太多新鮮有創意的事物，只是你不知道。透過旅行體驗、透過廣泛嘗試不同的興趣，你會發現原來

街頭攤販的技巧，其實可以解決工作上的難題，其實德國
火車站的乘車體驗，可以解決你管理上的難題。

　　你是否發現只有當你坐在辦公桌前的時間才叫工作？
你會發現，有創造力的人一定有著豐富的生命體驗，然後
把這個生命體驗再注入到工作中，兩者融合就會讓工作產
生奇妙的化學反應。

別讓莎士比亞、貝多芬離你太遠

　　所以，你的工作平淡無奇，或許是因為你的生活索然
無味；你的銷售業績不好，或許是因為你的興趣不夠多；
你的點子不夠多，或許是因為你的旅行不夠多；你的工作
難題一直無法解決，或許是因為你對生活的體驗太少。

　　從現在起，請開始讓自己廣泛接觸不同的事物，才有
機會在現有的問題上注入全新的思考。

　　以下十件事是讓自己有創造力的興趣清單，請讓自己
每年至少接觸三件，並給自己一個功課深入體會，開始為
工作注入靈感。

█ 讓自己有創造力的興趣清單

類別	給自己一個功課 深入體會	如何在現有的問題 上注入全新的思考
博物館	例如這個雕刻為什麼反映當時的社會文化？ 例如這個動物或植物為什麼長這個樣子？他們是如何生存的？	
科學館	例如這個發明是如何被發現的？為什麼可以解決當時的問題？	
展覽	例如為什麼這個主題的展覽這麼多人喜歡？	
讀書、學習	例如為什麼作者可以把同樣一件事說得這麼淺顯易懂？	
旅行	例如當地人是如何形成這種文化的？	
美食	例如同樣一道菜如何呈現不同風味？	
音樂	深入了解其中一種音樂，例如交響樂	
繪畫	例如不同線條如何呈現不同畫風？	
露營、爬山、運動	例如露營器材如何發揮巧思解決在大自然生活的問題？	
電影	例如導演如何將正反派的角色衝突表達得如此深刻？	

本文技巧運用的邏輯九式與創意九式								
結論	因果	三點	拆解	先後	流程	量化	比較	事實
觀察	疑問	兒童	打破框框	組合	消除	改變	反向	借用

為什麼重新定義問題，比找答案更重要？

▶ 好點子不是先找解答，而是先找問題

有一次我的朋友Julian邀請我去他經營的咖啡廳喝咖啡，我發現他的咖啡廳很特別，店面設計非常有趣，客人經常滿座，於是我向他請教這是哪一位設計師設計的，Julian笑著說是員工大家一起設計的，我很好奇他們如何做到？

Julian告訴我，一開始咖啡廳業績不太好，身為老闆的他，希望大家想想「如何提高業績？」於是員工開始想出各種辦法，例如降價等，實施了一陣子還是成效不彰，後來有一位員工提出一個問題，「我們可以用什麼方法讓店面變得更有趣？」結果引發大家熱烈的討論，想出非常多好辦法，果然提高了業績。

重新定義問題再找答案

　　真正解決問題的好點子，往往不是先找解答，而是先找問題。當我們一直無法解決某個問題，也想不出答案時，我們可以嘗試重新定義問題，因為問題的架構往往比解答更為重要。

　　到底要如何重新定義問題呢？以下三種方法，可以幫助你改變原來的問題。

▌ 重新定義問題三種方法

　　好創意的來源其實是，先不要想答案，先想好問題。今天，讓我們試著練習「先不要想答案，先想好問題」吧！

左思右想：
36堂有效解決工作難題的創新思考

▌ 重新定義問題範例

重新定義問題的方法	意義	原來的問題	改變後的問題
情境式問題法	從客戶要進行某件事的情境來思考	例如「如何提高品牌知名度？」	「如何可以讓客戶在用餐的時候想起我們？」 「如何可以讓客戶在想要旅行的時候想起我們？」 「如何可以讓客戶在想要買產品的時候想起我們？」
量化式問題法	從模糊的大範圍縮小成具體的小範圍來思考	例如「如何提高效率？」	「如何可以讓我們在出貨包裝的速度上由原來的每件30秒降低到每件20秒？」 「如何可以讓檢驗人員在A關卡的檢驗時間由原來的20秒降低到15秒卻不會降低正確率？」
目的式問題法	從我們希望客戶達成某個目的來思考	例如「如何提高客戶滿意度？」	「如何可以讓客戶在周六早上覺得打掃家裡變得很輕鬆？」 「如何可以 讓客戶在朋友面前願意推薦我們？」 「如何可以讓客戶在用完餐有物超所值的感覺？」

04

本文技巧運用的邏輯九式與創意九式

結論	因果	三點	拆解	先後	流程	量化	比較	事實
觀察	疑問	兒童	打破框框	組合	消除	改變	反向	借用

為什麼客戶的使用方法
跟你想像的不一樣？

▶ 意想不到的「第一次使用」，

才是真正的體驗

有一次跟國中同學Ryan相聚吃飯，Ryan跟我分享他負責公司的新產品事業部，因為推出的新產品常常熱賣，讓他很有成就感，我知道Ryan公司的產品以簡易使用著稱，於是我便向他請教怎麼做到。

Ryan說，新產品事業部成立初期推出的產品，常常收到客戶抱怨不好操作，可是研發部門卻不以為然。為了一探究竟，公司決定派研發工程師前往顧客家中，觀察顧客如何「第一次」使用產品，並要求他們留意意想不到的情形。

只要「第一次」看到意想不到的情形，必須詢問顧客，「你為什麼這麼做？」結果研發工程師發現了許多「第一次」看起來沒道理，也沒想到客戶會這樣使用的情形。公司根據這些情形將產品進行改進之後，不但客戶抱

怨大幅降低，客戶滿意度也因此大大提高。

找出產品的消費潛力

　　觀察客戶時，必須刻意尋找意想不到的情形，有什麼是你「第一次看見」的情形？有什麼情形跟你預期的不一樣？尤其是那些你認為理所當然應該要這樣使用，但是客戶卻以另一種方式使用的情形。你往往會因為理所當然的心態，習慣性的視而不見，因此錯失創新的機會。

　　依循下面三個步驟，提醒自己注意客戶需求：

　　第一步：定期持續接觸客戶，尤其是以下四種客戶。

　　　　一、剛購買產品的新客戶。

　　　　二、已經使用產品一段時間的老客戶。

　　　　三、正在使用類似產品的潛在目標客戶。

　　　　四、不曾使用相關產品經驗的潛在目標客戶。

　　第二步：列出觀察重點，例如客戶常常抱怨的事情。

　　第三步：記錄使用者「第一次」使用產品的過程，詢問顧客「你為什麼這麼做？」分析與自己預期的差異。

▊ 三大步驟確認客戶需求

STEP 1 客戶溝通	STEP 2 觀察客戶 的重點	STEP 3 記錄客戶 的第一次 使用過程

▊ 觀察客戶需求範例

觀察重點	記錄使用者如何 「第一次」 使用產品的過程	分析與自己 預期的差異
三段式開關模式 常常切換錯誤	產品需要切換功能開關，使用者常常切換錯誤而導致操作出現問題	我們已經將模式說明印在產品上了，但是產品安裝後由於開關位置無法輕易看到模式說明，所以使用者只能憑運氣切換造成錯誤。
客戶找不到 該去哪裡辦理事情	我們提供的服務很多，客戶第一次進來往往不知道該如何找到正確的窗口	我們已經提供一張業務說明表放在門口讓客戶閱讀，但是客戶往往沒有時間閱讀。

本文技巧運用的邏輯九式與創意九式

結論	因果	三點	拆解	先後	流程	量化	比較	事實
觀察	疑問	兒童	打破框框	組合	消除	改變	反向	借用

為什麼你會自然而然
「關掉」觀察力？

▶ 運用「使用者旅程」的TBOGN 五大觀察點

有一次我到一家常去的咖啡廳，排隊結帳的時候，無意中抬頭看一下，驚訝的發現多了一個特別的擺設，於是我問店員，「這個擺設是不是新的？」結果店員回答，「我們從開店這個擺設就已經在這裡了！」

你是否有類似的經驗？這是因為我們在做重複性動作的時候，例如走在每天必經的路上，或是處理每天必做的流程中，會自然而然「關掉」觀察力。

有一次去銀行辦事，為了一個小小的動作，卻需要不停地到不同的櫃檯處理同一件事，當我開始抱怨的時候，卻聽到銀行櫃檯說，「我們這裡必須要這樣做。」

「這件事難道不能更簡單更方便一點嗎？」我在心裡想。在剛完成準備要離開銀行的時候，聽到另一位客戶也跟我抱怨同樣一件事，所以證明這個問題應該常常發生，

難道他們自己不知道嗎？其實是很多人面對重複的流程與動作，已經自然而然「關掉」觀察力了。

觀察力需要刻意練習

你必須先強迫自己刻意觀察，才不會自然而然「關掉」觀察力，那麼我們應該如何有效提升觀察的能力？「使用者旅程」這個工具可以幫助我們進行觀察與思考。

「使用者旅程」的概念非常簡單，將使用者完成一項任務設定為一個旅程，你可以把這個旅程想成客戶如何一個接著一個步驟地完成這個任務。從旅程中了解客戶會經歷哪些挑戰與困難，目前我們在哪裡做得好？哪裡需要改進？

例如你開一家咖啡廳，客戶為了要到你的咖啡廳喝一杯咖啡所經歷過的步驟就是一個旅程；或是你開發一個產品或服務，你的客戶為了要開始使用你的產品或服務，從開箱、安裝到操作所經歷過的步驟就是一個旅程。

從「使用者旅程」練習觀察力

「使用者旅程」通常分成三個階段：使用前、使用中、使用後。

一般來說，使用前會有三個行為發生：

1. **想要使用**：使用者因為某些原因想要使用這個產品或服務。

2. **評估使用**：使用者會通過自己搜尋，或向他人諮詢或親自試用來評估是否使用，或使用哪一種產品或服務。

3. **確認使用**：使用者會購買或進入這個產品或服務。

使用中會有三個行為發生：

1. **學習使用**：使用者會開始了解或學習如何使用這個產品或服務。

2. **進行使用**：使用者會開始使用這個產品或服務。

3. **調整使用**：使用者會調整自己或調整產品服務來適應規則或習慣。

使用後也會有三個行為發生：

1. **離開使用**：使用完成後，使用者會結束或離開這個產品或服務。

2. **評價使用**：使用後對這個產品或服務，使用者自己心中會留下好或不好的印象。

3. **分享使用**：如果是好的印象，使用者會推薦，如果是不好的印象，則會向身邊的朋友或在社群網路上抱

怨。

　　使用前中後的「使用」需要定義清楚，以網路購物來說，我們可以將「使用」定義為「網路購物」，也就是包含網路購物前中後的全旅程，如果我們只希望專注在購物中的付款也可以，就把「使用」定義為「網路購物過程中的支付」就可以了。

階段 Phases	使用前	使用中	使用後
使用行為 Touchpoints and Behaviors	1. 想要使用 2. 評估使用 3. 確認使用	1. 學習使用 2. 進行使用 3. 調整使用	1. 離開使用 2. 評價使用 3. 分享使用
障礙 Obstacles	此階段中使用者會遇到哪些困難	此階段中使用者會遇到哪些困難	此階段中使用者會遇到哪些困難
做得好的地方 Good	了解目前客戶滿意之處	了解目前客戶滿意之處	了解目前客戶滿意之處
需要改進的地方 No Good	1. 了解目前客戶不滿意之處 2. 自己認為需要改進之處	1. 了解目前客戶不滿意之處 2. 自己認為需要改進之處	1. 了解目前客戶不滿意之處 2. 自己認為需要改進之處

左思右想：
36堂有效解決工作難題的創新思考

　　以下我們就以電商的支付前中後流程來看如何設計使用者旅程：

階段 Phases	使用前	使用中	使用後
使用行為 Touchpoints and Behaviors	1. 觸發用戶註冊或登錄。 2. 非註冊用戶可否購買支付。	1. 一個清晰簡潔的流程。 2. 使用者清楚知道所處在支付流程的哪個環節。 3. 減少一切可以讓用戶跳出支付環節的其他資訊。 4. 不只一處可以引導用戶進入下一步 5. 更多的支付方式。 6. 提醒客戶盡快完成支付。	1. 順利的讓用戶完成支付後應該給用戶一個回饋。 2. 支付完成後額外的驚喜。
障礙 Obstacles	對於較少進行網路購物的用戶或者一些購買頻率低的網站，很多人會因為需要註冊一個新帳號而放棄支付。	缺少支付進度導航條可以讓使用者清晰的知道自己正在支付的哪個環節、已經做什麼、下一步需要做什麼，還有多少個步驟才能完成支付。	成功支付完成後不清楚自己是否已經完成了付款，也不清楚是否有買錯商品。

（續下頁）

階段 Phases	使用前	使用中	使用後
做得好的地方 Good	允許用戶可以先選購好商品加入購物車，在進入支付環節前才要求用戶登錄。	提供了9種充值方式，6種支付方式，16家銀行卡支持，可以保障使用者順利進行支付。	每次支付完成後都為用戶提供一次抽獎機會，加強用戶參與感。
需要改進的地方 No Good	為用戶提供非註冊用戶快速結帳和註冊新使用者登錄兩種方式。	1. 讓使用者在選好商品後只需要兩步驟即可完成整個支付流程；多提供選項進行勾選而非每次都要輸入文字，從而加快用戶整個的支付效率。 2. 設計一個支付進度導航條。	成功支付完成後可以通過頁面、郵件、簡訊三種方式同時告知使用者已經付款成功並附上相關購買的資訊和安全提醒等。

　　運用「使用者旅程」表進行觀察是非常有效的方法，透過這個表說明觀察力是可以練習的，先從不讓觀察力「關掉」開始。

本文技巧運用的邏輯九式與創意九式

結論	因果	三點	拆解	先後	流程	量化	比較	事實
觀察	疑問	兒童	打破框框	組合	消除	改變	反向	借用

為什麼你會視而不見客戶的需求？

▶ 從四大面向與十一大觀察點「看見」客戶的需求

有一次我跟朋友去一家餐廳吃飯，餐廳的食物很不錯，但是吃完飯後，大家都覺得不會再來第二次，為什麼呢？因為這裡餐點雖然不錯但是沒有特色，在服務上也有問題，服務生點菜的時候並沒有觀察人數，以至於少點一份卻不知道，而且上菜的時候沒有觀察到有一位行動不便的客人，還常常往那位客人的位置送菜，甚至前菜、主食、甜點的順序也不對……

如果你是這家餐廳的老闆，該如何了解客戶的需求以及思考如何讓餐廳的服務更好？除了上一篇的「使用者旅程」以完成任務來思考之外，我們更需要以全方位的角度來進行更完整的思考。

想仔細觀察客戶如何體驗我們的產品或服務，可以從四大方面與十一大觀察點，著手進行對客戶的觀察與思

考，試著了解客戶喜歡與不喜歡什麼？從中獲得發展新產品或服務的啟發。

▌ 從四大方面了解商品的市場狀況

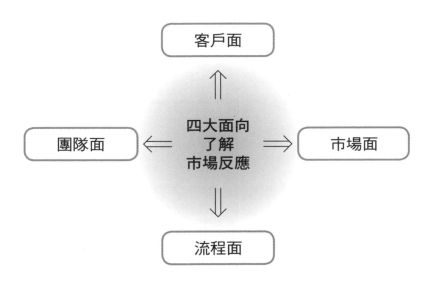

　　◆客戶面：要求最多的是什麼？抱怨最多的是什麼？客戶的問題發生最多在哪裡？客戶最不方便的地方在哪裡？

　　◆市場面：市場的趨勢是什麼？競爭對手最好的產品是什麼？競爭對手最差的產品是什麼？

◆ 流程面：哪個環節最慢、最耗時間？哪個環節最不順手？哪個環節最常聽到抱怨？

◆ 團隊面：第一線團隊常常抱怨的是什麼？

從十一大觀察點理解客戶想法

十一大觀察點整理了過去六年我在協助企業進行客戶洞察的時候所整理出最容易發現問題的地方。

為了讓讀者知道如何運用，我以今年財政部創意提案「點子獎」的「健保卡報稅」這個好點子來說明可以如何觀察客戶（民眾）在報稅上的痛點。

	十一大觀察點	觀察的結果
1	客戶是因為什麼原因使用我們的產品或服務？客戶利用我們的產品或服務來完成什麼事情？	
2	客戶在選擇產品或服務時，最在意的功能或特色是什麼？讓客戶用100分來分配所有重要功能或特色，他會如何分配？	

（續下頁）

	十一大觀察點	觀察的結果
3	客戶使用我們的產品或服務時，需要我們什麼協助？	報稅需要憑證，去年健保署推動可用健保卡加上密碼上網登入，下載醫療、保險資料，這與個人所得同為個資法規定的保護個資，登入加密安全機制有嚴格防護，台灣國民都有健保卡，理應可用健保卡作為報稅憑證，不用花錢申辦自然人憑證。
4	客戶使用我們的產品或服務時，有哪些挫折感？	報稅時發現自然人憑證過期或遺失要重辦。
5	客戶是否以超出我們預期之外的方式使用我們的產品或服務？	報稅需要申請自然人憑證，預期是每個人都應該已經辦理自然人憑證且在使用年限內，但是申辦自然人憑證費用為二百五十元，僅有八年使用年限到期又得換卡，許多民眾認為一年只用一次，遺失要重辦，並未辦理。
6	客戶使用我們的產品或服務時，是否有哪些行為可能會傷害到產品或服務本身，或是降低壽命，或是降低可靠度？	

（續下頁）

	十一大觀察點	觀察的結果
7	客戶如何找到我們的產品或服務？有沒有方法可以讓客戶更方便找到我們？	
8	客戶如何訂購我們的產品或服務？有沒有方法可以讓客戶更方便、更容易、更快速完成訂購流程？	
9	客戶如何支付我們的產品或服務？有沒有方法可以讓客戶更方便、更容易、更快速、更安全完成支付流程？	
10	我們如何遞送我們的產品或服務？有沒有方法可以更方便、更容易、更快速、更安全完成遞送流程？	
11	客戶如何維修我們的產品或服務？有沒有方法可以讓客戶更方便、更容易、更快速完成維修流程？	

　　企業需要持續不斷了解客戶需求，找到客戶的痛點進行改進，未來我們可以運用「十一大觀察點」表格進行客戶需求的觀察「看見」客戶的需求。

本文技巧運用的邏輯九式與創意九式

結論	因果	三點	拆解	先後	流程	量化	比較	事實
觀察	疑問	兒童	打破框框	組合	消除	改變	反向	借用

為什麼問對問題，
才是解決問題的關鍵？

▶ 先不要想答案，先想好問題

有家客戶邀請我出席公司的新年度創意改善提案發表會，當天一進會議室，總經理跟我一陣寒暄後問旁邊的同事，「張經理來了嗎？」總經理看見張經理就坐後，像吃了定心丸一樣安心聽發表會。

整場發表會我不斷聽到張經理提出許多問題，每個問題都引導大家以不同的角度進行思考，難怪總經理要確認張經理是否出席。

中午吃飯閒聊時，我特別稱讚張經理的問題很棒，很能夠刺激大家的想法。總經理馬上幫腔，「張經理是公司的關鍵人才，進公司雖然只有兩年，我在上個月決定請他擔任部門主管。」

我追問為什麼？總經理說，「因為他問問題的能力很不錯，而且他的問題可以有效刺激團隊產生新的想法而跳

出框框。」

利用表格問對問題

　　無論你是主管面對部屬的提案，或是你與團隊在進行提案的交流與討論，「如何問對問題」的確是一個非常關鍵的能力，要如何才能「問對問題」呢？

　　以下提供十大問題的句型，我把它叫做「10 magic words for innovation」，這十個魔術問句可以有效刺激雙方的對話與思考，進而產生創新的方法。

▋ 有助創新的十個問題

編號	Magic words	例句
1	Why？ （為什麼採用這個做法？）	我們現在有三種設計，你為什麼會採用第三種設計？為什麼你覺得這個方法可以解決這個問題？
2	Why not？ （為什麼不採用另一種做法？）	我們現在有三種設計，你為什麼不採用第二種設計？
3	Yes，and （很好，而且）	這個想法很棒，而且我覺得還可以這樣做……
4	No，If （不好，如果）	我不喜歡這個想法，如果可以這樣的話……我就會很喜歡

（續下頁）

編號	Magic words	例句
5	Any better way？ （有沒有更好的方式？）	例如：我們只有這個方式嗎？ 有沒有更好的方式？
6	What if？ （若是，會怎麼樣？）	例如：若是我們以相反的方式 做，會怎麼樣？
7	If only？ （如果我們只能？）	例如：如果我們的產品只賣給 女性，我們的產品或服務應該 要如何改變？ 例如：如果我們的客戶只有 70%的預算，我們的產品或服 務應該要如何改變？
8	If no more？ （如果我們無法？）	例如：如果我們無法再使用塑 膠材質包裝，我們要如何改變 包裝方法？
9	What if？ （若是，會怎麼樣？）	例如：若是我們以相反的方式 做，會怎麼樣？
10	4W1H？ Who What When Where How	例如：這個點子會由誰執行？ 何時執行？哪裡執行？如何執 行？ 例如：這個點子誰會想買？ 何時會買？在哪裡買？ 如何 買？

　　Facebook創辦人佐克伯於北京清華大學演講時說到，「創新不是問怎麼做，而是問自己為什麼做！」

　　長期以來，我們的教育體系習慣出很多題目讓我們去解題，但很少訓練我們「如何問對問題」。

本文技巧運用的邏輯九式與創意九式

結論	因果	三點	拆解	先後	流程	量化	比較	事實
觀察	疑問	兒童	打破框框	組合	消除	改變	反向	借用

為什麼要改變結果，就要先改變方法？

▶ 改變從質疑現狀開始

有一家公司成本居高不下，希望我可以幫助他們找出有效的方法。我設計了一個工作坊，希望透過團隊的力量共同思考降低成本的好點子。

團隊非常認真地思考了許多點子，但是我發現，所有的點子幾乎都集中在生產效率的改善，團隊認為問題都出在生產效率太低，於是每年都透過不斷提高生產效率降低成本，去年效率每小時可生產一百件，今年則提高到每小時一百一十件。

我覺得很奇怪，當場了解之後發現，團隊認為這個產業的關鍵競爭力在於「提高生產效率來降低生產成本」，因為「市場上大家都是這樣做」。

我這個人很奇怪，對於「大家都是這樣做」偏偏不信邪，總覺得應該有更好的方法。

於是我決定開始引導大家往其他方向思考，問了一個問題，「為什麼成本居高不下？」

我開始強迫大家給答案，在討論過程中，大家發現一個驚人的原因，公司去年有十六個新產品上市的銷售狀況不佳導致庫存，而產生大量的成本。為什麼會這樣？原來是因為市場銷售情況與生產計畫無法有效協同合作。

於是團隊開始調整思考方向，運用我們自己生產效率的核心優勢，在大量生產前先少量製造，試探銷售成績如何，如果該項產品看來會熱賣，公司便可以加速生產。

後來團隊運用這個點子實施半年，成效驚人，小量測試彈性生產能夠有效降低成本。

為什麼很多人對於「大家都是這樣做」這句話常常堅信不疑，導致市場上大家都在做一樣的事？同樣的問題，如果不改變思考方式，就不要期待會有好點子出現。

上面的故事，其實我運用了一個常用的技巧引導大家思考，那就是以SAME、WHY、DIFFERENT、HOW四個思考點來思考。

SAME 市面上大家都一樣的做法是什麼？	WHY 為什麼大家都一樣這樣做？	DIFFERENT 我們可以不一樣嗎？	HOW 要如何執行不一樣的做法？

　　我想舉一個例子來說明這個方法，我之前去日本，對一家書店印象深刻，就是大阪心齋橋的Bookoff二手書店，我走進去才發現，書架陳列就像是在誠品書店，而且這竟然是二手書店，在那裡，每一本二手書都像新書一樣。

SAME 市面上大家一樣的做法	WHY 為何都一樣	DIFFERENT 我們可以不一樣嗎？	HOW 如何不一樣的做法？
市面上的二手書都是論斤出售。	二手書都是舊書，看起來又髒又舊，所以論斤出售。	讓每一本二手書都像新的一樣。	運用舊書翻修的技術，新書質感卻只要一半的價錢，契合物美價廉、買到賺到的貪小便宜心理。
收購二手書籍均一價或免費。	都是二手書，一律視為舊書。	收購的書分為ABC三個等級。	收購價分三等級： A級；看起來接近新書。 B級；稍有破損或污漬。 C級；如果有清除不掉的污漬或塗鴉的字跡。

（續下頁）

SAME 市面上大家一樣的做法	WHY 為何都一樣	DIFFERENT 我們可以不一樣嗎？	HOW 如何不一樣的做法？
書的流通率很低。	沒有庫存管理的概念。	書的定價依照市場需求而機動定價提高流動率。	市場機制分成：在短時間內賣掉，3個月沒賣出去、庫存超過五冊，定價會不一樣。

運用SAME、WHY、DIFFERENT、HOW四個思考點來思考，我相信你也可以改變現狀。

為什麼
每個人內心都有一個
遊戲的DNA？

▶ **工作遊戲化九大祕訣，讓你做任何事都很快樂**

有一年，我奉命到歐洲介紹新產品，當時我是合勤科技的產品行銷經理，負責網路安全防火牆的產品線。我的目的是介紹產品給歐洲經銷商，所有產品線都需要派一位代表到歐洲介紹產品，我當時一直在想如何能夠讓經銷商賣得動產品，於是我決定現場設計一個病毒消防隊的遊戲。

一開始，我設計了一個現場實境，放一個網路病毒讓網路癱瘓，經銷商在現場看到真實情況後都嚇了一跳，接下來我放上產品再做一次，大家在現場看到可以實際阻擋病毒後，對我們的產品感到非常驚訝。此外，我還設計現場問答，把氣氛炒熱，其他的廠商都是平鋪直敘的介紹產品。

　　後來，現場經銷商紛紛表示對我們的產品最有興趣，印象最深刻，歐洲當地分公司也很高興。那一次經驗讓我很有成就感，原來把遊戲的元素放進演講中，竟獲得如此好的效果。

　　另外有一次在上海為客戶進行連續三天的教育訓練，總經理最後致詞說，「我們辦過大大小小的培訓不下百場，更常多次邀請知名的老師，這次是最具成效的一次，三天的課程沒有冷場，到了第三天，大家還非常積極投入，一般都是一天一天遞減熱情，原因就在劉老師上課的時候讓大家玩撲克牌與遊戲，從遊戲中學習原來可以這麼有效。」這就是將遊戲的元素置入到教育訓練所產生的效果。

　　很多人都會抱怨，當在公司內部要推動一件事的時候，很多人興趣缺缺或是不配合。其實每個人內心都有一個遊戲的DNA，如果我們開始在工作中置入遊戲的元素，也就是「讓工作遊戲化」，就會有機會改變現狀。

一邊工作一邊玩

　　如果觀察孩子就會發現，為了讓小朋友產生學習的動機和成果，如果他們表現良好，老師就會發放小貼紙或蓋印章，集滿幾個就能換取獎品，透過收集貼紙或印章的過

程鼓勵學習或導正行為，這便是將學習遊戲化。

　　工作也是一樣，「讓工作遊戲化」的定義，是在非遊戲的情境下加入遊戲的元素。到底要怎麼做呢？以下提供幾種立即可用的遊戲化設計原則與方法，讓你的生活與工作遊戲化，請試著讓你的工作從今天開始變得更不一樣。

▌讓工作遊戲化的方法

分類	技巧	意義	舉例
得分型 遊戲化	關卡	過關成功的機制會讓人有成就感。	例如：在員工的工作練習中設計關卡，完成立即給予積分或獎勵。
	累積 積分 專屬	積分機制 會鼓勵行為持續發生。	例如：跑步APP可讓使用者累積跑步的里程數。 例如：網站或論壇中運用積分鼓勵大家回應、發表優質文章，高積分者會有特權享受新資訊或新商品試用。
	榮譽 勳章	勳章機制會讓人不斷收集。	例如：購物社群APP可以讓人在附近的咖啡廳或餐廳打卡就可以得到虛擬勳章。 例如：電能公司可以讓願意不斷節約用電的人可以得到虛擬勳章，還可以分享他們的成績，和鄰居較勁。

（續下頁）

分類	技巧	意義	舉例
比較型 遊戲化	競爭	競爭機制會讓人不斷進步。	例如：金融APP可結合社群功能，和朋友比賽爭奪排名，藉此培養投資習慣。 例如：運動類產品可以讓使用者記錄運動量，比如跑步的路線軌跡或所花時間等，不只能讓使用者自己跟自己競爭，也能跟別人競爭，讓使用者愛上運動的同時，也默默地愛上自己的產品。
	比較 排名	排名機制會讓人不斷進步。	例如：電腦工具軟體每次開機都會告訴你花了幾分幾秒開機，還會將結果進行排名，藉此激勵使用者優化電腦。
任務型 遊戲化	動手做	自己動手完成機制會讓人更想參與。	例如：藝術作品可以現場實際動手做出成品讓顧客帶回家。
	尋寶 猜謎 回答問題	尋寶機制會讓人記憶更深刻。	例如：博物館可以每天設計不同的主題尋寶活動，讓參觀者除了單純參觀，還可以因為找到答案而有獎品。
	做任務	做任務機制會讓人更想要完成一件事。	例如：健身館可以每周設計不同卡路里的健身任務，讓顧客完成任務還可以達到健身目的。

（續下頁）

分類	技巧	意義	舉例
	周期	周期機制會讓人養成習慣。	例如：服裝店每周三推出新商品活動或是推出新款式衣服，讓顧客養成習慣固定到店裡看看。

　　從現在開始，讓你的工作與生活加入遊戲吧！我們每個人都有責任創造身邊的快樂，影響身邊的人事物，讓快樂愈來愈多！

第 3 章

從中找靈感

- ◆ 想出來的點子都是老梗、了無新意，怎麼辦？
- ◆ 沒有任何靈感，怎麼辦？
- ◆ 產品很多，但每個都不賣，該怎麼辦？
- ◆ 賣同樣的產品，為什麼別人的業績比較好？
- ◆ 江山易改、本性難移，如何才能改善缺點？
- ◆ 為什麼一群相同性質的人，想出來的點子都大同小異？
- ◆ 如何才能做到舉一反三？
- ◆ 為什麼「多做多錯」才「不會錯」？
- ◆ 為什麼向小孩說清楚一件事是最好的創意練習？

本文技巧運用的邏輯九式與創意九式

結論	因果	三點	拆解	先後	流程	量化	比較	事實
觀察	疑問	兒童	打破框框	組合	消除	改變	反向	借用

想出來的點子
都是老梗、了無新意，
怎麼辦？

▶「隨機連結法」產生不一樣的點子

Alex是產品企劃部門主管，我們是在執行創新顧問專案中認識的，有一次我與Alex團隊進行新商品企劃會議，團隊在會議中經過二十分鐘的動腦思考之後，以團隊發表的方式提出許多點子，我與Alex看完之後，發現想出來的點子都了無新意，怎麼想都是差不多的點子。

Alex問我，「如何才能想些不一樣的點子？」希望我能幫他想想辦法，於是我請他們其中一位團隊成員拿起會議室角落的一本雜誌，請他隨便翻一頁，任意找一張照片或是一段文字，並請他開始觀察這一頁中的元素，能否刺激出一些新想法？

這位成員隨手一翻，翻到雜誌上一則母親節的廣告，他看了看之後告訴我，「這個廣告跟我們要做的事情沒有

關係，所以我想不出來，我再翻一頁試試看好了。」

我立即阻止他再翻一頁，請他停留在原來的母親節廣告這一頁上，「請你不要放棄，強迫自己仔細觀察這一頁上的元素，請你告訴我，這一頁上有哪些元素？」

他說，「這個廣告頁是一個店家的促銷廣告，有買一送一的打折訊息，整個廣告色調是溫馨的粉紅色。」

「很好！所以你可以從剛才所說的元素中，刺激出一些新想法嗎？」我接著說。

他說，「我想到我們的商品可以有粉紅色的色彩，未來還可以設計打折促銷的活動。」

「太棒了！請繼續強迫自己仔細觀察這一頁上還有哪些元素？」我接著說。

他說，「這上面是一位母親在幫小孩準備便當，便當盒有三層，每一層依序放入飯菜……

「對了！或許我可以將新商品變成如便當盒一樣，進行模組化設計，消費者可以一層一層依照使用者的需要進行擴充。」他接著說。

這位團隊成員愈說愈興奮，似乎找到一盞明燈的感覺，其他團隊成員看見他這樣，也報以熱烈的掌聲，之後我請大家以同樣的方式進行思考。

後來Alex非常感謝我，因為這位團隊成員之前在團

隊中，總是沒有任何新想法，沒想到可以被激發出那麼多想法。

利用「隨機連結法」找出新點子

你有沒有發現，常常想出來的點子都很類似，簡單的說就是了無新意，尤其是同部門的人，或是同個圈子的人，這個時候你需要的是「外物」刺激來進行「強迫」連結。

「隨機連結法」就是把兩個看似沒有關聯的 A 與 B 之間，尋找各種聯想，將它們連結起來，步驟如下：

▌隨機連結法

STEP 1 找尋 靈感來源	STEP 2 隨機抽取 圖像或文字	STEP 3 透過問題 強迫連結

第一步：尋找外物的靈感來源，可以是雜誌、書、報紙、平面媒體、照片、網路、字典。

第二步：隨機從外物中抽取一張圖或文字，強迫自己仔細觀察其中的元素，思考它代表什麼意思？請記住，這

一步必須是強迫觀察，而不要在第一時間就判斷這跟主題有沒有關係。

第三步：這張圖或文字讓你想到什麼？ 可以透過以下四個問題進行強迫連結。

一、可以直接應用嗎？

二、可不可以稍微修改後再應用？

三、它背後的觀念是否可以應用？

四、能產生全新想法嗎？

想想看，如果停車場（A）遇到氣球（B）會發生什麼事呢？

各位想想看，當你在滿滿車海的超大室內停車場要找停車位，你會怎麼找？現在很多大型室內停車場都會在每個停車格設計燈號，紅燈代表已經有車停了，綠燈代表這是空的停車位。

所以你只要在每一個停車道上尋找綠燈，就可以發現空的停車位對嗎？好了，如果這不是室內停車場，而是露天停車場呢？ 你會把室內停車場的燈號系統搬到露天停車場嗎？喔，不會吧！

南韓有個露天超大停車場，可以幫你在滿滿車海中簡單找到停車位。他們運用一條堅固的細繩，加上「箭頭向

下」的黃色充氣氣球，上面寫著HERE，拴在停車格內。

　　只要這個停車格沒車，細線就可以正常垂直往上飄，長度剛好讓氣球飄起來大約比成人高，所以駕駛從遠處就能看到鮮豔的黃色氣球，氣球上寫著HERE箭頭向下，就代表那裡有空位。這樣浮在空中的明顯目標，比起駕駛人自行運用平行視角憑運氣尋找停車位更容易被發現。

　　而當有車子停入停車格時，拴在車位上的垂直線會被逐漸往下壓到一般人的腰部高度，所以自然就從空中消失，這種方式讓找停車位不再靠運氣，而是抬頭看一下就能解決。

　　在這個例子中，停車場（A）就是我的主題，氣球（B）就是隨機外物的元素，而強迫連結產生的點子就是：一條堅固的細繩，加上「箭頭向下」的黃色充氣氣球，上面寫著HERE，拴在停車格內。

　　隨機尋找外物刺激想法，而且這個外物最好是隨手可得的東西，或許下一次你可以從即將丟棄的報紙或雜誌中隨機找到寶藏！

▌隨機連結法學習應用表單

主題（A）	隨機外物的元素（B）	強迫連結產生的點子
S 新商品	買一送一的打折訊息。	設計打折促銷的活動。
	廣告色調是溫馨的粉紅色。	商品可以有粉紅色的色彩。
	母親在幫小孩準備便當，便當盒有三層，每一層依序放入飯菜。	將我的新商品變成如便當盒一樣，進行模組化設計，消費者可以一層一層依照使用者的需要進行擴充。

本文技巧運用的邏輯九式與創意九式

結論	因果	三點	拆解	先後	流程	量化	比較	事實
觀察	疑問	兒童	打破框框	組合	消除	改變	反向	借用

沒有任何靈感，
怎麼辦？

▶ 運用「加形容詞法」來幫忙

有一次我在輔導企業創新專案期間認識Bob，他是負責經銷商業務的通路經理，要辦一個年終會議暨感謝活動，團隊討論了好幾次都想不出好想法，我在現場運用了一個方法，讓現場活絡起來。這個方法叫做「加形容詞法」，因為人對於形容詞是更有感覺的，更容易有新鮮的創意！

我一開始說，「希望大家想出十個你希望賦予這個活動的感覺（或是客戶希望的感覺），可以自己想或是隨意找今天的新聞關鍵字。」

有人回答，「香檳的。」

我說，「很好。如果我們以香檳為例，誰可以告訴我，如果這個活動要有香檳的感覺，可以怎麼做？」

有人回答：「邀請卡上有香檳色跟香檳味道。」

有人回答：「現場設計香檳猜猜樂活動，喝了猜對有獎。」

各位發現了嗎？當我們對一件事加上形容詞，就好像對這件事加上了個性或主題，想點子就變得更簡單了。

如果我們要設計中秋禮盒呢？以下舉例加上四個不同的形容詞，就可以很容易地想出好點子，你可以立即運用你的題目來試試，例如主題（A）是新品發表會、行銷活動、頒獎典禮等等。

形容詞 （B）	主題 （A）	形容詞加上主題	連結產生的點子 （C）
神祕的	中秋禮盒	神祕的 中秋禮盒	禮盒打開來裡面有神祕問題與神祕獎品，讓顧客來尋寶。
透明的		透明的 中秋禮盒	禮盒外觀做成透明的，內部全都露。
可愛的		可愛的 中秋禮盒	禮盒內設計各種不同的卡通造型餅乾。
像骰子的		像骰子的 中秋禮盒	禮盒打開後有六顆像骰子一樣的方型餅乾。

「加形容詞法」的三步驟

「加形容詞法」就是把形容詞與你的主題之間，連結起來，尋找各種創意， 步驟如下：

▌加形容詞法

STEP 1 隨機尋找形容詞	STEP 2 與主題連結	STEP 3 透過問題進一步思考

第一步：隨機尋找形容詞，可以從雜誌、書、報紙、網路、字典之中，任意尋找或自己想。

第二步：將隨機找到的形容詞，直接與要思考的主題進行連結。

第三步：連結完成的這句話讓你想到什麼？可以透過以下四個問題進行進一步思考如何做到。

一、在外觀、造型、設計或視覺上如何做到？

二、在產品功能或規格上如何做到？

三、在行銷上如何做到？

四、在使用者體驗上如何做到？

　　想想看，如果你是廁所清潔負責人，男性上廁所時較難瞄準便斗，而使得廁所髒亂造成打掃人員任務繁重，你要如何解決男性廁所偏尿造成髒亂之問題呢？

　　常見的做法就是在男性廁所便斗上方貼標語規勸，所以很多的創意就在標語上做文章，有人畫漫畫，有人寫笑話，但效果不佳。

　　如果我們換個角度，加上形容詞來想創意解決問題會如何？例如我們加上「好玩的」或是「有樂趣的」會如何？

　　我還記得十幾年前第一次到歐洲出差，降落於荷蘭阿姆斯特丹Schiphol機場，我對於該機場內的男生廁所印象特別深刻，男生廁所的便斗中間竟然有一隻蒼蠅，仔細看發現應該是蒼蠅貼紙，於是我很好奇的看看效果如何？果然，很多人都在玩「瞄準射擊遊戲」，哈哈，我當然也是，當下只是覺得很有趣、很好玩。

　　後來我查了資料發現，百分之八十的機場人員認為清潔程度獲得改善，利用心理學觀點，於便斗中間置入蒼蠅圖示，引起男性注意及想瞄準之心理有效改善偏尿之問題，進而改善機場男廁清潔的問題。

　　讓我們想像當時如何想出這個點子？我們可以在其

他方面運用嗎？在這個例子中，男生廁所的便斗（A）就是主題，好玩的（B）就是形容詞，而連結產生的點子（C）就是：便斗中間置入蒼蠅圖示，引起男性注意及想瞄準之心理。

另一個例子，在醫院中，有些病童因為病情需要做MRI核磁共振檢查來確定病情，但是MRI有兩個非常嚴重的問題，第一是噪音，MRI噪音很大會讓病童感到不安而哭鬧。第二是因為病童不安而亂動，所以護士可能需要施打鎮定劑，而鎮定劑所造成身體的風險與檢測的不確定性都很高，所以奇異的工程師團隊鎖定方向花了半年想要解決噪音問題讓噪音降低都宣告失敗。

如果你是團隊成員，怎麼解決這個問題？繼續研究工程技術解決這個噪音問題？或是你有其他方法？

有一天，團隊中一位工程師換個角度思考，有沒有可能讓小孩覺得MRI的噪音不那麼恐怖呢？甚至可以有趣一點呢？

於是工程師花了短短一個禮拜把MRI布置成海盜船的船艙或者叢林的洞穴，在小孩做檢測前，用故事來讓小孩子以為即將進入一個冒險故事，神奇的是，大多數的小孩都不再哭鬧，一年多來再也沒有任何一個病童需要因為被安撫而施打鎮定劑。

　　在這個例子中，MRI的噪音（Ａ）就是主題，不恐怖且有趣的（Ｂ）就是形容詞，而連結產生的點子（Ｃ）就是：把 MRI布置成海盜船的船艙或者叢林的洞穴，在小孩做檢測前，用故事來讓小孩子以為即將進入一個冒險故事。

本文技巧運用的邏輯九式與創意九式

結論	因果	三點	拆解	先後	流程	量化	比較	事實
觀察	疑問	兒童	打破框框	組合	消除	改變	反向	借用

產品很多，
但每個都不賣，
該怎麼辦？

▶ 企業成功轉型的第一步：減法思維

有家科技公司希望我幫他們進行一個創新產品的輔導案，我提議參加他們公司的經營會議，於是總經理便邀請我出席年底總結會議。

會議由每個產品線副總進行報告，我默默地觀察整個團隊，總覺得有些不對勁，沒想到當天發生了一件令我意想不到的狀況。

有位產品部門的副總Andy，去年推出的幾個產品系列業績特別差，在會議上成為大家討論的重要議題，大家七嘴八舌提出看法，突然因為一句情緒性的發言，會議開始失焦。

「你們業務部根本就不會賣這個產品！」Andy在會議室站起來大聲說出重話。

「你們每年推出這麼多產品，每個都說很重要，但是和對手相比都沒有競爭力，能有這種業績應該要偷笑了！」業務部David不甘示弱地回嗆。

頓時，會議室陷入一片沉寂。

這個要做、那個也不能放棄，是很多企業的迷思。我仔細觀察大家的發言，並快速瀏覽各部門所提的經營計畫，更加確認我覺得不對勁的根源，應該跟希望以多而廣的產品來追求業績成長脫離不了關係。

我立刻把覺得不對勁的根源跟總經理討論並確認，得出一個結論，「公司需要轉型，過去為多而廣的策略，未來要轉型成少而精的策略。」

這跟我最近遇到不少企業家問我，「事業遇到瓶頸，應該如何轉型？」的問題不謀而合，於是休息過後的第二段會議，我便開始引導大家進行討論與思考，這也是我通常在引導企業家思考轉型下一步常用的方法，共分成以下三個步驟：

第一步，下決心用減法

許多企業這個想做，那個也想做，換言之，每個都不想放棄，但是又常常抱怨員工不好找，人才永遠不夠，也就是永遠覺得資源不夠，其實最終的心魔就是「心太

大」。

　　所以轉型第一步，就是重新檢視現有產品線，透過以下三個問題運用減法進行取捨：

　　1. 如果只能選擇一半的產品線，我必須放棄哪些產品？

　　2. 如果只能選其中一個做到市場第一，會是哪個產品？

　　3. 如果只能選其中一個讓市場認定這代表我，會是哪個產品？

▌以「減法」做取捨

STEP 1	STEP 2	STEP 3
放棄 績效不好的	找出 績效最好的	找出最有 代表性的

第二步，重新定位

　　行銷學常說的定位策略，在學術名詞是STP，也就是Segmentation、Targeting、Positioning，也就是切割市場、選擇市場、定位市場。

　　再說得簡單一點，我常用一種比喻，那就是，如果市

場是一塊蛋糕，定位策略就是「切一切，選一塊，吃下去」。

　　所以轉型第二步，就是重新檢視現有市場，透過以下三個問題重新定位：

　　1. 有哪些需求尚未被滿足？

　　2. 我們的核心價值是什麼？

　　3. 我們的機會在哪裡？

▌「重新定位」找優勢

STEP 1 找出消費者需求	STEP 2 確認自己的核心價值	STEP 3 找到機會點

第三步，專注走自己的路

　　通常需求尚未被滿足的利基市場，市場領導者通常無暇顧及，如果集中資源攻占這些市場，將可能擁有更高的利潤。

　　所以轉型第三步，就是聚焦於這些客戶，打造完全符合他們需求的產品，並且逐步建立在這個專業市場的地位，可透過以下三個問題，專注走自己的路：

1. 如何讓客戶了解我們是最專業的專家？

2. 如何滿足甚至超越客戶需求？

3. 如何為自己打造獨特的競爭門檻？

▌「專注本位」拚商機

STEP 1 讓客戶 信任	STEP 2 滿足 客戶需求	STEP 3 打造 獨特性

這三點剛好反應了不少老闆的心態與迷思：

迷思一、這個要做，那個也不能放棄。

迷思二、都努力那麼久了，乾脆硬著頭皮繼續。

迷思三、別人怎麼做，我就跟著做。

如果不能下定決心看清楚，真的很容易陷入以上三種迷思。

轉型是為了思考未來的機會，轉型才能來得及應變，企業轉型三步驟：減法、定位、專注，真正的核心其實是：以不變應萬變。

未來，是個專注決勝的戰場。

「專注本位」拼商機

任何企業都適用的三步轉型思考法。

減	定	專
下決心用減法	重新定位	專注走自己的路
❶ 如果我只能選擇一半的產品線，我必須放棄哪些產品？	❶ 有哪些需求尚未被滿足？	❶ 如何讓客戶了解我們是最專業的專家？
❷ 如果我只能選其中一個做到市場第一，會是哪一個產品？	❷ 我們的核心價值是什麼？	❷ 如何滿足甚至超越客戶需求？
❸ 如果我只能選其中一個讓市場認定這代表我，會是哪一個產品？	❸ 我們的機會在哪裡？	❸ 如何為自己打造獨特的競爭門檻？

本文技巧運用的邏輯九式與創意九式

結論	因果	三點	拆解	先後	流程	量化	比較	事實
觀察	疑問	兒童	打破框框	組合	消除	改變	反向	借用

賣同樣的產品，
為什麼別人的業績比較好？

▶ 從客戶需求的三層次找出答案

在一次服務創新的課程中，我請學員分享「令你印象深刻的好服務」的故事，其中在場學員共鳴度最高的有以下兩個故事：

王永慶賣米

在以前，所有的米店都是顧客自己到米店買米，王永慶則採用更主動的做法，那就是送米到顧客家。而且，他還為顧客記錄家中人數、一個月吃多少米、何時發薪水等資料。到了米快吃完的時間，就主動再送米上門，等到顧客發薪的日子，再上門收取米款。

送米到家的時候，如果米缸裡還有米，他就先將舊米倒出來，將米缸刷乾淨，再將新米倒進去，把舊米放在上層，舊米就不至於放太久而變質。這些做法不僅讓顧客深受感

動，還持續只買他的米。

水果攤的故事

　　老太太因為媳婦懷孕想吃酸李子，於是到水果攤買酸李子，老太太走到每一家水果攤，都問老闆同一個問題：「有賣李子嗎？」

　　第一家水果攤的老闆直接說，「我們家的李子很甜！」結果老太太沒買。

　　第二家水果攤的老闆因為先回問了一句，「有酸的、有甜的，妳要買哪一種？」結果老太太買了一斤酸的。

　　本來已經買好李子的老太太，回家途中經過第三家水果攤，想再買一斤，在結帳的時候閒聊了一下，沒想到老闆問了一句，「客人都喜歡買甜的李子，妳為什麼要買酸的呢？」老太太便說因為媳婦懷孕，想吃酸李子。

　　老闆便特別提到，「孕婦多吃些富含維生素的水果，小孩會更聰明喔！」讓老太太便進一步問老闆，「哪種水果維生素含量比較高？」老闆回答，「當然是奇異果囉！」於是老太太又多帶了一斤奇異果回家。之後老太太更常常來這家水果店買水果。

◆　　　◆　　　◆

聽完故事後，我請學員思考以下的問題：

「同樣是賣米，為什麼人家會賣得比較好？」

「同樣是賣水果，為什麼人家會賣得比較好？」

經過討論，大家得出一個結論：「客戶需求背後的需求」才是關鍵！

要如何做到呢？我們可以從客戶需求的三個層次：基本層、加分層、WOW 層來思考。

基本層（我必須要，你做到）

客戶需要你做到的事，而你也做到了，這是最基本的需求，例如客戶來用餐點菜，你沒有遺漏或錯誤。相反的，如果你沒做到這些事，客戶就不會購買，或是產生抱怨、不滿，甚至客訴。

加分層（我想要，你做到）

客戶心中想要的期待，雖然客戶沒有明確要求，但是如果你做到這些事，客戶就會有小驚喜，並產生愉快的感覺，例如送餐或交貨比客戶預期的還要更快、更短，以節省客戶時間。

WOW層（我沒想到，你做到）

　　這是客戶需求背後的需求，客戶心中有個問題要解決，但可能完全沒想到你會幫他解決心中的問題，所以如果你替客戶完成這些事，他就會產生WOW的感受，對你產生依賴感，甚至會向他們的朋友推薦你的產品或服務。為了做到這件事，你需要想得比客戶多一點。

▌讓客戶從滿意到感動

　　以老太太到水果攤買酸李子的故事來看這三個層次：

　　第一家水果攤是基本層，老闆連客戶的需求都不問也不清楚，所以沒有成交。

　　第二家水果攤是加分層，老闆簡單快速的問了客戶的需求，客戶也因此快速地完成購買。

　　第三家水果攤是WOW層，老闆能透過問題了解「老太太買酸李子」需求背後的需求是懷孕的媳婦，並嘗試幫

老太太解決心中希望孫子更聰明的問題。

再以王永慶賣米的故事來看這三個層次：

基本層是大家都在做的事，就是顧客自己到米店買米。

加分層是王永慶更主動的做法，就是送米到顧客家，比客戶自行買米速度更快，等於省了客戶的時間。

WOW層是王永慶透過記錄何時米快吃完、顧客發薪的日子再上門收取米款、舊米倒出放新米等做法，不但感動客戶，更幫助客戶解決不能沒米吃飯以及有錢買米等民生問題。

顧客真正要買的其實不是你的產品或服務，而是需要透過你的產品或服務，完成他們的某件任務或解決某個問題。

這兩個故事告訴我們，「永遠想得比客戶多一點」才是關鍵。

▍客戶需求三層次金字塔

任何產品與服務都適用的三層次客戶需求思考法。

我沒想到，你做到

客戶需求背後的需求，客戶可能完全沒想到你會幫他解決心中的問題，如果你做到，客戶就會產生WOW的感受。

我想要，你做到

客戶心中想要的期待，雖然沒有明確要求，但如果你做到，客戶會有小確幸小驚喜。

我必須要，你做到

客戶需要你做到而你也做到了，這是最基本的需求。

左思右想：
36堂有效解決工作難題的創新思考

▌ 滿足客戶需求的三層次評量表

客戶需求的 三個層次	說明	可能執行 的新做法
基本層 （我必須要，你做到）	客戶需要你做到的事，而你也做到了，這是最基本的需求，例如客戶來用餐點菜你沒有遺漏或錯誤。相反的，如果你沒做到這些事，客戶就會不跟你購買，或是產生抱怨、不滿甚至客訴。	
加分層 （我想要，你做到）	客戶心中想要的期待，雖然客戶沒有明確要求，但是如果你做到這些事，客戶就會有小驚喜，並產生愉快的感覺，例如送餐或交貨比客戶預期的還要更快更短以節省客戶時間。	
WOW層 （我沒想到，你做到）	這是客戶需求背後的需求，客戶心中有個問題要解決，客戶可能完全沒想到你會幫他解決心中的問題，所以如果你做到這些事，客戶就會產生WOW的感受，開始對你產生依賴感，甚至會向他們的朋友推薦你的產品或服務。為了做到這件事，你需要想的比客戶多一點。	

本文技巧運用的邏輯九式與創意九式

結論	因果	三點	拆解	先後	流程	量化	比較	事實
觀察	疑問	兒童	打破框框	組合	消除	改變	反向	借用

江山易改、本性難移，如何才能改善缺點？

▶ 利用「如何不」思考法把缺點變優點

大部分人的慣性思維是看到缺點就覺得必須改善它，但如果我們學習將缺點變成優點，這就是逆向思維。

世界上任何事物都是兩面的，就像硬幣的正反面；沒有絕對的好，也沒有絕對的不好，優點和缺點也是共存的。一個缺點反映在一方面看上去是缺點，但反映在另一方面又是優點。在缺點的下面，隱藏著優點。

以NBA運動為例，如果你沒有高大前鋒或中鋒，反而更多小號球員，你會怎麼做？一般改善缺點的慣性思維就是想辦法網羅大號球員，但是如果逆向思維會如何？

NBA勇士隊總教練Steve Kerr，有別於傳統勁旅如以Tim Duncan為首的馬刺隊，以及Dwight Howard為首的火箭隊等尋找高大前鋒或中鋒，鞏固強力禁區；反而運用

小號球員，以小號球員看似不如高大球員的缺點，轉換成發揮小號球員的優點設計三分球跑轟戰術，執教的第一年就拿下NBA總冠軍（2014～15球季）；更在第二年率領球隊拿下破紀錄的七十三勝九敗的輝煌戰績（2015～16球季）。這就是將看似缺點轉換為優點的逆向思維。

讓我們再來看棒球場上的情形也不例外，優秀的球員都被大球隊用高薪買走，所以小球隊的資源少，如果你是小球隊，你會怎麼做？

改編真人實事的電影《魔球》「Moneyball」所描述的奧克蘭運動家隊，擁有的資金較少，所有人都等著看球隊笑話。此時教練運用不一樣的規則來挑選球員重組球隊，這個規則就是「球員能不能上壘」，而不管這些球員的外貌、風評。

他運用統計學的數字分析評估球員，聰明分配資源，組合出最能發揮戰力的團隊，成功以小搏大，更帶領球隊連贏二十場球賽，刷新大聯盟紀錄，這就是不看缺點只看優點的逆向思維。

你看到這裡可能會想，只有運動能夠逆向思維嗎？當然不是，我們來看一個商業案例：7-11與全家在洗衣服務上思維的不同。

我們都知道，洗衣服務的市場很大，所以你才會看到

到處都有洗衣服務的店家，而7-11與全家當然也都看到了這個市場。

　　過去7-11曾經推出衣物送洗服務，但是因為常常交件延遲遭受客訴，所以決定退出市場。

　　如果你是全家，你看到這個情形會怎麼想？太難了，所以不要做？還是換一家合作廠商做？還是換另一種方式做？

　　不過，就在7-11退出洗衣服務市場的一個月後，全家也推出洗衣服務，耐人尋味的是，全家配合的洗衣公司與7-11相同，都是「臺灣大洗e聯盟」。

　　你可能會想，7-11不是因為合作廠商的交件延遲而退出市場嗎？全家怎麼又來了？原來全家有不一樣的做法，他把缺點變優點了。

　　怎麼說？交件延遲的確是「缺點」，可是交件延遲這個「缺點」有沒有機會變「優點」呢？

　　全家看中洗衣服務帶來的進店人數，而與配合的洗衣公司共同思考，決定在各地租下存放衣物的倉庫，推出「冬衣夏藏」的附加服務，也就是冬天的衣物可以在春天送洗後，於夏天存放在倉庫，消費者可以冬天再來取走，可以省下消費者的衣櫃空間與避免衣物發霉，這樣全家與洗衣公司也沒有立刻交付衣物的壓力。

　　所以，一樣都是洗衣服務，全家接手後，成功的把7-11的賠錢服務改造經營。這就是將缺點轉換為優點的逆向思維。

　　以上三個案例從事後看當然容易分析，可以如果我們要回到當時發生的當下，我們應該如何思考呢？也就是將缺點變成優點要怎麼做呢？

　　運用「如何不」思考法可以幫助你運用缺點變優點來進行創意發想。

原題目	「如何不」思考法 顛倒題目	創意的做法
如何「讓」更多客戶進來店裡消費以提高營業額？	如何「不讓」客戶進來店裡消費就可以提高營業額？	預約下單、送貨到家、手機下單，或是網路購物。
如何簡化設定步驟來「讓」客戶簡單操作產品？	如何「不讓」客戶操作就可以設定好產品？	出廠就已經依客戶指定完成設定。
衣物送洗服務延遲交件如何「準時」交件？	如何讓衣物送洗「不準時」交件，還能讓客戶滿意？	推出「冬衣夏藏」的附加服務。
如何想辦法「網羅」大號球員增強戰力？	如何「不」靠大號球員增強戰力？	發揮小號球員的優點，設計三分球跑轟戰術。
如何「讓」優秀球員加入我們小球隊增強戰力？	如何「不」靠高薪網羅優秀球員就可以讓我們小球隊增強戰力？	運用統計學的數字分析評估球員，不管這些球員的外貌、風評，組合出「能上壘」的球員。

06

結論	因果	三點	拆解	先後	流程	量化	比較	事實
觀察	疑問	兒童	**打破框框**	組合	消除	改變	反向	**借用**

為什麼一群相同性質的人，想出來的點子都大同小異？

▶ 要新點子，就要跨界找靈感

陳總經理在製造業相當有名，他在客戶服務方面遇到一些困難，但想了很久，一直沒有找到好的解決辦法。有一次，我約了一位食品業的專家與陳總經理一起喝下午茶聊天。

那位食品業專家聊到一個個案，剛好讓陳總經理想到苦惱許久問題的解決辦法，於是陳總經理連聲道謝，而那位食品業的專家只是不好意思地表示，「我們一直以來都是這樣做！」

其實解決問題的好辦法，常常不是由一群相同性質的人想出來，而是因為有了「不同性質的人或元素」加入而刺激出來，上面故事中的食品業專家就是「跨界」，也就是「不同性質的人或元素」，這叫做「跨界找靈感」。

我有一位朋友Robin在企業表現優異，為了照顧父母而離職回到老家，一時之間無所事事，但是對教育有很大的熱忱，於是到社區的小學擔任臨時老師，剛到學校的時候，老師們都跟Robin說這裡的小學生比較不一樣，要請Robin多費心。

Robin在企業的經驗豐富，但是教學經驗不多，不過Robin卻決定用不一樣的方式來試試看。他把企業的情境帶進教室，採用了「企業化經營」令人耳目一新，他試著將班級模擬成一家企業，Robin自己擔任「董事長」，讓同學們選出「總經理」，以及不同部門的「部長」，其他同學則擔任公司「員工」。

接著由「總經理」帶領同學們自行發想企業名字，把最高票選出的企業名稱設計企業識別logo。「部長」定期開會，把學校分配之公務當成專案任務指派「員工」進行分組競賽，「總經理」依照分組競賽表現決定各員工的薪水，以聚餐或小禮物進行獎勵，定期還選出「最佳員工」與「最佳部門」。經過一個學期，學生們都愛上Robin，Robin也重啟了班上同學的活力。

這個故事中的Robin，對於原本社區小學來說就是「跨界」，從「跨界」來的靈感，對原本的團隊來說，都會有耳目一新的感覺。

跨界找靈感程序

STEP 1 找1～3種不同領域的人事物	STEP 2 各列出特色與優點	STEP 3 應用方法

　　每個人或產業都有一套固定的模式運行,所以一群相同性質的人想出來的點子都了無新意,我們應該開始學習跨界找靈感,或許你可以這樣做:

　　一、選擇一至三種與你領域大不相同的人事物。

　　二、列出他們的特色與步驟。

　　三、取其優點應用到我們的產業或問題。

　　例如,我們以Robin的「班級管理」例子來思考:

「跨界」的人事物	特色或方法	優點	如何應用
企業管理	有各種階層與部門,定期開會指派任務,以專案成果進行獎勵。	模擬企業實務對學生是很好的體驗。	設定「董事長」「總經理」「部長」「員工」四個階級,成立公司命名與LOGO,導入開會與專案方法。

本文技巧運用的邏輯九式與創意九式

結論	因果	三點	拆解	先後	流程	量化	比較	事實
觀察	疑問	兒童	打破框框	組合	消除	改變	反向	借用

如何才能做到
舉一反三？

▶ 集合平凡眾人的智慧，比少數專家更聰明

英國家具網站Made.com創辦人，因為曾在一次購買沙發的經驗當中，驚覺售價昂貴的品牌沙發的生產成本差距極大，而想到可以透過網路將消費者和家具製造商直接連結，省去中間多出的層層費用。

Made.com的模式有點類似美國限量T-Shirt專賣店Threadless，就是採用群眾外包的概念，生產何種家具完全由網友設計與決定。

網站每個月會公開新的家具設計圖，由網友投票選擇要生產的家具，得票高的家具才會開放訂貨並進行生產。

Made.com這種「與群眾合作」的做法掀起了家具市場的網路革命。

◆　　◆　　◆

　　無印良品的良品生活研究所每年接到八千個意見，一周內回覆百分之五十，三周內決議，大約有百分之十的意見被採用。其中年賣十萬個的懶骨頭也是這種做法，收集到客戶意見後，從網友投稿中選出四個選項，再開放兩周票選，將得票最高的進行設計與量產。

　　無印良品這種「與群眾合作」的做法，把客戶意見轉換為商品力，再轉換成消費力。

◆　　◆　　◆

　　P&G即使有9000名研發人員還是無法解決「如何在成千上萬的洋芋片上，印製清晰圖案」的難題，所以利用全球網路，對外開放問題規格和技術說明，最後卻在一家義大利波隆那的小麵包店找到解決方案。

　　P&G買下此技術後，一年內就推出印有動物圖案的品客洋芋片。

　　P&G這種「與群眾合作」的做法充分發揮高手在民間的特性。

◆　　◆　　◆

　　MyStarbucks Idea（星巴克把它定位為部落格）是星

巴克專門用來搜集意見、傾聽消費者心聲的網站。

從二〇〇八年開始運作以來，累積了將近十四萬則建議，只要有百分之一的意見有意義，就有一千四百個好意見。

星巴克這種「與群眾合作」的做法，充分發揮重視客戶心聲的品牌文化。

▌運用群眾力量

以上四個例子都是集合眾人智慧找出靈感的故事，而我們應該如何與群眾合作，運用群眾的力量呢？

以下的群眾創意應用練習表單可以幫助你。

案例	我的群眾在哪裡？	我希望邀請群眾做些什麼？	群眾能得到哪些好處？
Made.com	對高質感低價格家具有興趣的網友。	生產何種家具完全由網友決定。	• 優先預購的權力。 • 自己的創意可以實現。
無印良品	對生活創意有興趣的網友。	網友投稿並開放票選。	優先通知購買資訊。
P&G	全球	如何在成千上萬的洋芋片上，印製清晰圖案的技術。	買下此技術。

本文技巧運用的邏輯九式與創意九式

結論	因果	三點	拆解	先後	流程	量化	比較	事實
觀察	疑問	兒童	打破框框	組合	消除	改變	反向	借用

為什麼「多做多錯」
才「不會錯」？

▶「量變」產生「質變」的關鍵思考

當你想成為作家，就需要不停的寫。當你想學會游泳，就需要不停的游。

「量變」會產生「質變」。任何質的變化，都是從「量變」開始，不是偶然，也不是憑空產生的，什麼是「量變」？什麼是「質變」？簡單說，「量變」是持續做一件事，「質變」是結果不一樣了。

最簡單的例子就是，當你把餅乾一個接一個吃進肚子裡進行量變，肚子就從餓到飽、產生質變。

如果你想在專業上產生質變，需要持續不斷練習；如果你想要在寫作上產生質變，需要不停的寫。你可以定期寫文章放在部落格，今天以這種方法寫，發現點閱率低，學到一個經驗，下次再以另一個方法寫，又發現點閱率低，就再學到一個經驗，從多做多錯中所學到的經驗很寶

貴，這樣的量變，最終一定會產生質變。你一定會找到一個屬於自己的風格寫出的文章，同時也能提高點閱率。

以我自己為例，每次到企業教課的開場白，我就是從「量變」產生「質變」，簡單說，就是不斷嘗試出來的。同樣的自我介紹與開場白，今天以這種方式開場，發現不好，學到一個經驗，下次再以另一種方式開場，若又發現不好，便再學到一個經驗。

因為從多做多錯的「量變」中開始產生「質變」，所以我設計出一種有彈性又能夠因應產業不同與學員不同的開場白組合。

現在當我到金融業教課，我會用版本 A，科技業用版本 B，服務業用版本 C，高階主管用版本 D，這些開場白不但有我的風格，更能產生很好的效果。

所以我始終相信，「多做多錯」才能累積「不會錯」的經驗。因為，任何事物的變化與發展都是首先從量變開始，當量累積達到一定程度時，必然引起「質變」。

以「整理來自世界各地的資訊，方便所有人擷取。」為使命的 Google，其創新文化令我印象深刻：「要失敗就失敗得快一些，這樣才能再試一次。」

「很高興你犯了這個錯。因為，我希望我的公司走得太快，做得太多，而不是太過謹慎而做得太少。如果我們

不犯任何錯誤，就表示冒的風險還不夠。」

有計畫地從「量變」成為「質變」

當然在「量變」階段，不能盲目地進行，如何有計畫地進行「質變」前的「量變」呢？

▌將競爭力從「量變」提升到「質變」

STEP 1 製作多次樣品	STEP 2 以不同樣品測試反應

第一、快速製作原型得到客戶回饋

例如，我們希望新的APP操作簡易，就立即畫出多種APP的畫面，目的是在上市前先了解客戶的反應，而不是到了新產品上市後才了解，這樣就太遲了。這叫做「用手思考」，有許多真實體驗是在用手實作時才知道好不好用。

第二、運用不同版本進行測試

當有一個初步想法時，例如行銷活動，我們可以先設計三種不同的宣傳單，看看哪一種會讓消費者比較有興

趣。當想設計操作簡易的APP，我們就畫出多種APP的畫面，讓大家先操作看看哪一種比較直覺？當要推出首頁時，就設計兩種網頁，讓大家票選。

█ 從「量變」成為「質變」之範例說明

版本	版本一	版本二	版本三
版本著重點	著重在 簡易操作	著重在 安全操作	著重在 導入新技術
版本內容	只有一個步驟	有三個步驟	沒有步驟 只要說話語音辨識
客戶回饋	很簡單，但是安全性低	操作較複雜	常辨識錯誤

本文技巧運用的邏輯九式與創意九式

結論	因果	三點	拆解	先後	流程	量化	比較	事實
觀察	疑問	兒童	打破框框	組合	消除	改變	反向	借用

為什麼
向小孩說清楚一件事
是最好的創意練習？

▶ 化繁為簡，才能獲得最多的共鳴

美國前任副總統高爾（Al Gore）的紀錄片「不願面對的真相」（An Inconvenient Truth），是我非常喜歡的一部電影，因為這是第一部能將「全球暖化」說得最容易理解的電影。

高爾在電影中以這種方式說明大氣層，「大氣層就像是我們在地球儀表面塗了一層油漆，那層油漆和地球儀的比例，就是大氣層和地球的比例。」緊接著，他以這種方式說明全球暖化，「當太陽的射線以光的形式照向地球，一部分被地球吸收用於升溫，然後以紅外線的方式，反過來向宇宙輻射。而一部分紅外線被大氣層阻擋，得以保留下來，這就使地球保持一定溫度，適宜生命居住。問題

是，各種各樣的污染物增加了這層大氣的厚度；大氣厚度增加，於是更多的紅外線受到阻擋，引起世界各地溫度升高，這就是全球暖化。」

在這個例子中，高爾為了讓大家聽得懂艱深的技術名詞「大氣層」，他運用「地球儀表面塗了一層油漆」來比喻。

◆　　◆　　◆

思科在推出史上賣得最好之一的CRS-1路由器時，總裁需要在一群分析師、客戶與媒體面前舉行一場發表會，跟大家介紹這個新產品，大部分演講者會把焦點放在技術規格，但是總裁決定用另一種更淺顯易懂的方式說明這個產品。

他說「對消費者來說，他們能夠在四‧六秒的時間內，傳輸整個國會圖書館的館藏內容，對思科的客戶來說，像是電話公司，這意味著他們將可以在轉眼之間接通三十億通電話，因此，在母親節或是電視節目『美國偶像』播出的時候，他們將可以處理更多通電話。」

在這個例子中，思科總裁為了讓大家聽得懂艱深的技術規格，他運用「四‧六秒的時間內傳輸整個國會圖書館的館藏內容」來形容這個技術有多快。

◆　　　◆　　　◆

台大電機系教授葉丙成開設全國首創的「科技簡報製作與表達」選修課，期末要在小學早自習時間，針對電機、數學等深奧的專業知識，對小學高年級學生做十二分鐘簡報，看能否講到「讓小學生都聽得懂」，並由小學生打分數。

葉丙成告訴學生，人生就是這麼殘酷，當你進入社會後，會發現世上最難做的簡報，「就是面對一群很有權力，但程度很差的人」。

為了避免遭小學生「當掉」，修課學生使出渾身解數，把皮卡丘、柯南、哆啦Ａ夢等卡通角色統統用到簡報裡；也有人以子彈射穿西瓜與雞蛋，呈現電能的爆發力，大受小學生好評。

在這個例子中，台大學生為了讓小學生聽得懂艱深的專業知識，他們運用卡通角色與生活常識來描述這個專業知識。

以上三個例子都是要跟大家說明把複雜的事情表達得越清楚，所能獲得的好處。

當我們能向小孩清楚地說明一件事，就可以確認每個

人都會懂，而自己也真的弄懂了這件事。以下提供三種方法可以將事情化繁為簡：

方法	意義	說明
比喻法	將這個概念比喻成就像是你生活中的某件事。	大氣層就像是我們在地球儀表面塗了一層油漆，那層油漆和地球儀的比例，就是大氣層和地球的比例。
想像法	讓聽眾很容易想像這個概念有多快、多大或多好。	能夠在4.6秒的時間內傳輸整個國會圖書館的館藏內容。
類比法	以聽眾熟悉能懂的人事物來說明。	修課學生使出渾身解數，把皮卡丘、柯南、哆啦A夢等卡通角色統統用到簡報裡。

第**4**章

將創新做出來

- ◆ 為什麼產品叫好卻不叫座？
- ◆ 為什麼閱讀不是刺激創新思維的最佳方法？
- ◆ 如何定義自己的競爭對手？
- ◆ 為什麼動腦會議完全都沒有發揮功效？
- ◆ 為什麼連結供給與需求，才是未來的贏家？
- ◆ 為什麼客戶對你的產品不感興趣？
- ◆ 為什麼別人都不支持你的提案？
- ◆ 為什麼視覺化思考能更精準傳達想法？
- ◆ 我不是個有創意的人，也可以創新嗎？

本文技巧運用的邏輯九式與創意九式

結論	因果	三點	拆解	先後	流程	量化	比較	事實
觀察	疑問	兒童	打破框框	組合	消除	改變	反向	借用

為什麼
產品叫好卻不叫座？

▶ 問對問題，才能把好點子變成好生意

這幾年很榮幸接受許多企業的邀請，在企業內部擔任創新提案的評審，這些競賽包括創意創新競賽、新產品提案競賽、服務創新提案競賽、設計思考提案競賽等。

每次擔任評審，我都覺得每個提案都是用心與精采的戲，所以我都很認真地看著參賽隊伍，在講評與打分的真實時刻，其實每次學習最多的就是自己。

除了自己提問之外，我也會記錄其他評審所提的問題，一方面學習他們的問題，另一方面也看看其他評審觀察的角度是不是跟我一樣。

很多時候，一個好的問題可以一眼看出提案的優缺點，特別是有機會與經驗豐富的業界先進與企業總經理等共同當評審，我更會好好把握機會，學習如何可以問出一

針見血的問題！

　　一般來說，創新提案的簡報時間大約五至十分鐘，既然是專注在創新，就必須將三件事說清楚講明白：

　　一、　說清楚創意到底是什麼？

　　二、　說清楚我們的差異化在哪裡？

　　三、　說清楚客戶的需求與我們的解決方案一致嗎？

　　這三件事我把它叫做「創意性問題」。

　　我的觀察是，如果這三件事都能說清楚，至少代表創意過關，評審就會開始專注在可行性上面，所以如果評審們一開始就問你要花多少人力、成本、資源等可行性問題，我就會打從心裡先恭喜這個團隊，說明這個創意還不錯！

　　為了讓所有未來準備參加創意創新競賽的朋友們能夠好好準備，我將六年來所收集評審常會問的問題列在這裡，冷門或太專業的就不列出來了。其中有些問題很相似，但問的角度不一樣可能產生不同答案。

　　以下四大類共二十八道題目，每件沒做過的創新或創意，都可以用來檢視自己的好點子是否能變成好生意。

　　未來各位如果要參加創意或創新競賽，或者準備公司內的提案，都可以用這些問題自我檢視一下。

左思右想：
36堂有效解決工作難題的創新思考

▌ 創意性問題

1.	這產品到底是什麼？
2.	到底是賣單一產品還是解決方案？
3.	你們真正的創意在哪裡？
4.	你們的做法與其他家，哪裡不一樣？
5.	如果有相同的產品，客戶為何要選你？
6.	與現有產品的差異性在哪裡？
7.	客戶的痛點與你們的解決方法不一致，請你再說明？
8.	你如何解決當初所設定的客戶問題？
9.	可否說明這個創意使用前與使用後的差異？
10.	你們簡報一開始的目的與解決方案關聯性不大？ 可否再說明一下？

▌ 效益性問題

1.	你們最終想達成什麼目的？達到什麼效益？
2.	你們如何定義成功？你們覺得達到什麼叫成功？
3.	如果這個專案要成功？你們想達到什麼目標？ 什麼是成功關鍵因素？
4.	可否預估你們的第一年、第二年與第三年的業績？
5.	你們覺得這個專案的風險是什麼？你們又要如何預防風險？
6.	假如你沒有得獎，你還會做嗎？

▍可行性問題

1.	組織上到底要如何完成或是配合這個專案？
2.	請問這個創意要花多少成本？會帶來多少效益？
3.	與現有通路如何搭配？與現有通路有競爭還是合作關係嗎？
4.	請問你要多少人力或組織才能完成這個專案？
5.	公司已有類似的活動，請問要如何結合？
6.	想法很好，你們需要什麼資源來執行？
7.	你的行銷策略似乎是想鋪天蓋地，這會花很多成本？ 請問如果只能選一個策略先做，你要選哪一個？
8.	你們提的IDEA很多，請問最核心的是哪一個？
9.	這個創意的廣告宣傳如何進行？你要如何讓大家知道？ 你要如何吸引你的目標客群？

▍競爭性問題

1.	過去有類似產品，為何別人沒成功？ 你如何確定這次會成功？
2.	別人做過嗎？如果沒有？為什麼？
3.	為何你要鎖定這個族群？是想要進新市場分一杯羹？ 還是既有市場要擴大？

本文技巧運用的邏輯九式與創意九式

結論	因果	三點	拆解	先後	流程	量化	比較	事實
觀察	疑問	兒童	打破框框	組合	消除	改變	反向	借用

為什麼
閱讀不是刺激創新思維的
最佳方法？

▶ 有效轉化閱讀，才能形成自己的觀點

我在許多企業教授創新課程的時候，常常告訴現場的同學們，「其實創新思維是一種面對困難的獨立思考能力」，大部分的工作都是「要解決某些問題，同時面對某些困難」。

例如要解決銷售不佳、績效不好、客戶不滿意等問題，同時需要面對資源不足、流程複雜等困難，所以需要獨立思考的能力完成工作，而我認為訓練獨立思考能力最好的方法就是寫作，而不只是閱讀。

你是否常常發現身邊人總是訂閱了數不清的電子報，追蹤並閱讀了無數的必讀網站與文章，被資訊不斷的轟炸，卻大多看過就忘。

愛因斯坦說，「任何人閱讀太多，但是實際應用太

少，就會淪落為懶惰思考。」也就是說，除非你閱讀的每項內容都有花費足夠的時間進行消化、連結甚至應用，否則你會發現自己開始同意每一件讀到的資訊，甚至習慣全盤接受，停止質疑、停止問問題。

　　而有效轉化閱讀並有獨立思考能力的方法，就是定期強迫自己寫作。這裡有兩個關鍵，「有效轉化閱讀」、「形成自己觀點」。

　　「有效轉化閱讀」的關鍵是反思，當我們閱讀重要文章或是研究報告的時候，至少需要反思以下四點才能有效轉化閱讀：

▌ 有效轉化問題的四大關鍵問題是

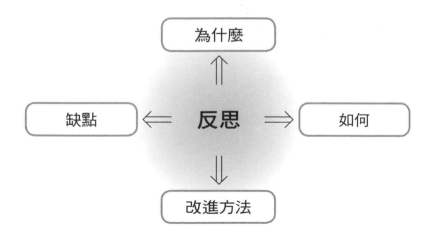

一、為什麼會從這個角度切入？

二、如何形成這個結論？

三、這個結論有什麼缺點？

四、如果我來寫如何可以更好？

「形成自己觀點」的關鍵是持續寫作，寫作會強迫你吸收閱讀的精華、丟掉多餘的資訊，再加上自己獨特的觀點。寫作更是確保獨立思考的好方法，因為這是一個設定主題、尋找答案的過程，這個過程至少包括四個步驟：

一、定義對的問題。

二、決定切入問題的角度。

三、分析各種角度的優缺點。

四、形成自己的結論。

經過這四個步驟，你所學到的東西才會深深烙印在腦海中，並形成觀點影響他人。

▌培養面對困難的獨立思考能力

從反思到觀點的「四問四步」寫作思考法。

閱讀	寫作
有效轉化閱讀	形成自己的觀點
❶ 為什麼從這個角度切入？	❶ 定義對的問題
❷ 如何形成這個結論？	❷ 決定切入問題的角度
❸ 這個結論有什麼缺點？	❸ 分析各種角度的優缺點
❹ 如果我來寫如何可以更好？	❹ 形成自己的結論

本文技巧運用的邏輯九式與創意九式

結論	因果	三點	拆解	先後	流程	量化	比較	事實
觀察	疑問	兒童	打破框框	組合	消除	改變	反向	借用

如何定義
自己的競爭對手？

▶ 未來，是個跨界的世界

有個客戶舉行年度策略會議，歐、美、亞洲等超過二十個國家分公司總經理齊聚一堂，希望我幫他們量身設計一場商業模式創新工作坊。

在競爭對手與市場分析的討論環節中，老闆希望大家能提出公司關鍵的競爭對手，只見大家開始一個一個列出名字，但我觀察到方向有問題，便希望老闆要求大家以另一種方式進行，結果列出來的名字卻大大不一樣，為什麼會這樣？

跳脫框框的思考結果大不同

我注意到大家一開始很習慣性的列出市場上常見的競爭對手，我問了旁邊的一位資深副總，「這個列表中有新的名字出現嗎？」副總回答我，「沒有，每年都是這些老

名字。」我突然意識到需要引導大家進行不一樣的思考。

　　於是我立即跟老闆簡短討論後，走到大家面前，我希望大家跳出框框思考，於是我問了大家一個問題，「請問應該如何定義『競爭對手』？」

　　在場有幾位總經理分享觀點之後，我請大家先思考一件問題再定義競爭對手，這個問題就是，「請大家首先要定義清楚客戶要「利用你完成什麼事？」

　　於是大家熱烈討論之後，再列出未來的競爭對手，果然結果完全不一樣，開始出現幾個全新的名字，而大家也開始認真思考未來的競爭環境與市場，而這個結果才是真正有意義的結果。

傳統的競爭對手
跟未來的競爭對手哪裡不一樣？

　　請先思考一個發生在我們生活的例子。如果你開一家中式早餐店，你的客戶是利用你完成「吃早餐」這件事，所以你的競爭對手就不只是另一家中式早餐店，還包含同樣目的的西式早餐店，甚至麥當勞。

　　而麥當勞並不是早餐生意起家，他們以同樣可以達到「吃早餐」這件事，跨界來搶你的生意。在這個例子中，「另一家中式早餐店」就是你的傳統競爭對手，「麥當

勞」就是你的未來競爭對手。

換句話說，你未來的競爭對手不只是跟你做一模一樣生意的企業，他可能從你沒想到的領域跑過來搶你的生意，這也就是「跨界創新」。

小心「跨界創新」的競爭對手

仔細觀察這幾年市場上所發生的變化，你就會發現「跨界創新」的例子屢見不鮮。

電信商要利用「簡訊」完成「在手機上用文字聊天」這件事，而LINE與WECHAT並不是電信商起家，他們以同樣可以達到「在手機上用文字聊天」這件事，跨界來搶電信商的生意。

銀行要利用「存款業務」完成「把錢存起來可以生利息」這件事，而阿里巴巴的餘額寶並不是銀行起家，他們以同樣可以達到「把錢存起來可以生利息」這件事，跨界來搶銀行的生意。

跨界的，都不是原來在這個領域起家的，但是他們卻從另一個領域，以前所未有的速度進入你的領域。這種跨界的創新與衝擊，你感受到了嗎？你的競爭對手可能會從哪裡出現？

企業要存活，先問自己三個問題

我們應該以不同角度來思考，未來競爭對手會從哪裡冒出來？

時時提醒自己競爭者已經模糊化，重點應當放在探索消費者需求的深化，至少消費者的需求改變，商品就要改變。所以或許未來很難預測，但是值得坐下來思考三個基本問題：

一、未來客戶會有什麼需求？

二、我能幫他們解決哪些問題？

三、有哪些問題不是我們能做的？我可以尋求跨界合作，甚至試著與可能的競爭對手視為夥伴進行策略合作幫助客戶嗎？

許多人對於新興事物看不懂，甚至選擇讓自己看不見，危機來了，等你看見可能來不及了。而且，你不敢跨界，別人難道也不敢嗎？

在這個爆炸型成長的時代，任何人都可能是未來的機會，也可能是以後的對手。跨界觀察與跳脫框架的思考，才是避免來不及應變的最佳方式。

未來，是個跨界的世界。

左思右想：
36堂有效解決工作難題的創新思考

▍跨界創新的思維：新一代的競爭者已經來臨

傳統競爭對手	未來競爭對手
以「跟你做相同產品」來思考	以「客戶要利用你完成什麼事」來思考
來自相同產業，做一模一樣生意	來自不同產業，從你沒想到的領域跑過來搶你的生意
有地域限制	沒有地域限制
過去常常出現在你的觀察名單	過去三年你可能聽都沒聽過
具有「這個產業本該如此」的思維包袱	具有「誰說這個產業一定要如此」的顛覆性思維

為什麼動腦會議
完全都沒有發揮功效？

▶ 動腦會議的成效，決定企業的創新能力

許多企業的核心價值都有「創新」，卻不懂得善用「動腦會議」有效產生創意，創造更多價值與組織能量，這是很可惜的地方。

讓員工動腦，主管動腦，組織也跟著動腦，才能找到好點子成為創新的基礎，可是如何讓動腦會議成為企業的文化的一部分，除了「要」動腦之外，更重要的是「要如何」動腦？以下讓我們來向世界知名創新公司IDEO學習如何成功開一場動腦會議的七大祕訣：

聚焦再聚焦

主題最好集中在單一目的上，不要進行多個主題與目的。

好的題目都是開放式的，也就是說不能用「是」或

「非」來解答的問題。這種問題可能會用到像是「假設……怎麼辦？」或是「如果……那麼……」的問法。

讓每個人都看得到遊戲規則

在會議室牆上，可以貼上動腦會議的遊戲規則，或是建議各位主持人或主管在動腦會議開始前，將規則先寫在白板上。

1. **嚴禁批判**（Defer judgment）：不要急著評論點子的好壞與下結論，點子的評價留在後半段再進行。常見主管扼殺創意的方式就是說出「這個點子不好」、「你怎麼會說出這個點子」、「這個我們做不到」等，只有不批判他人發言，才能讓所有成員自由發想。

2. **自由發想**（Encourage wild ideas）：鼓勵突發奇想，鼓勵瘋狂的點子，使成員無拘束地暢所欲言，在輕鬆的氣氛下思考。如果員工擔心發言會丟掉飯碗，就不容易進行動腦會議。

3. **舉一反三**（Build on the ideas of others: No "buts", only "ands".）：可以運用其他人的點子為基礎舉一反三，搭別人想法的便車接棒發想，再不斷激盪出更好的新點子，甚至允許團隊中出現與他人相似的發想，所以不要說「這個點子很好……但是……」，要說「這個點子

很好……而且還可以……」

　　4. **不要離題**（Stay focused on the topic）：討論集中主題，不要離題，鎖定焦點討論。

　　5. **逐一發言**（One conversation at a time）：每次只有一個人發言，不要打斷別人的發言。

　　6. **在牆上展現**（Be visual）：能把點子用彩色筆或畫畫的方式寫在便利貼上，並貼在牆上。

　　7. **以量取勝**（Go for quantity）：徵求大量點子，以量取勝，量比質重要。

把點子編號

　　將每個便利貼上的點子加以編號，而且主持人可以說出過去的點子數量紀錄，激發與會者想突破紀錄的比賽心理，增加點子發想的效率與數量。

　　主持人也可以藉此了解點子產出數量的進度，一般而言，動腦會議如果成功，平均每小時可以產生一百個點子。

善用空間的記憶力量

　　地點和場所會留下記憶，所以動腦會議應該善用這種力量。無論是利用最新數位科技，或只用簡單的白報紙，

主持人應該把與會者所產生的全部點子貼滿牆面上，讓全體與會者都看得到的地方，讓團隊能夠看到這個會議的成果與進展，也更容易找出值得注意的點子以產生綜效。

掌握動腦動能曲線

大部分的動腦會議都有相同的動力曲線，那就是一開始很緩慢，逐漸加強，接著發展到高峰。所以，主持人應該要能夠透過環境放鬆與團隊對話的方式，讓創意動能在一開始就源源不斷。

當發覺到點子動能與團隊討論開始加強的時候，主持人可以適時離開，而在點子動能減弱與團隊討論變冷淡時，需要立即跳進來加強保持新的動能。每次開動腦會議不要超過一小時，但必要時可稍微延長。

伸展心智肌肉

動腦會議就像跑馬拉松一樣，剛開始都要暖身，以利進入討論氣氛，主持人可以運用快節奏的小遊戲啟動腦力，或是要求團體成員做好相關議題的事前準備與蒐集工作。

譬如一個玩具產業的案子，IDEO分三組來實現：第一組沒有任何準備，第二組是聽一個有關技術與趨勢的演

講，以及閱讀相關背景書籍，第三組是實際去一家玩具觀摩。最後第三組所產生的點子量以及質都比前兩組好。

具象化

主持人可以將動腦會議由平面化變成立體化與具象化，將有助於動腦會議的品質。主持人可以運用以下三個方法：

1. 把跟主題相關的東西盡量拿到會議來，像是競爭同業的相關產品樣本、新設計與新技術等，或是其他產業有助點子發想的啟示。

2. 利用手邊的材料，像是積木、塑料泡沫、管狀物，打造簡單的概念模型，叫prototype，把點子視覺化，讓人可以更看清楚點子，知道可不可行。

3. 利用身體激盪法（bodystorming），實際演練顧客的行為與使用產品的情形，以了解可能產生的問題，尋找可能改善產品的機會。

本文技巧運用的邏輯九式與創意九式

結論	因果	三點	拆解	先後	流程	量化	比較	事實
觀察	疑問	兒童	打破框框	組合	消除	改變	反向	借用

為什麼
連結供給與需求，
才是未來的贏家？

▶ 把自己變平台，成為解決方案專家

有一次我在幫企業進行銷售技巧培訓的時候，要求每位學員分享一個銷售的故事，其中一位學員分享的故事讓我印象深刻。

有一位釣魚用品公司老闆要度假，所以臨時找一位年輕的業務員來上班，結果度假完後，老闆看到業績報表嚇傻了，平常每周業績大約一萬，度假期間的當周業績竟然是十萬，於是老闆連忙找業務員來問個清楚。

業務員說，「上禮拜有位客戶要買釣竿，我就把所有釣竿跟釣餌的特性跟客戶聊了一遍。聊完後，客戶就買了一整套的釣竿加釣餌。」

老闆說，「不錯，可是這也沒到十萬啊……」

業務員回答，「客戶買了整套釣竿加釣餌之後，我告

訴他，能夠擁有整套釣竿去釣魚的人，通常都不是到海邊釣魚，而是開自己的船到海上釣魚。於是我就帶他去買了一台十萬美元的遊艇。」

這個故事得到那一班學員票選最高分，我請大家分享這個故事的啟示，最後得出其中最具啟發性的銷售技巧就是「從賣產品到賣解決方案」。

的確，現在客戶要的已經不只是單一的產品，而是要包含整體服務的解決方案（Solution Selling）才能有效幫助客戶解決問題。

到底我們應該如何思考，從賣產品到賣解決方案呢？先來看幾個例子：

◆ Tesla宣布了專利開放計畫，同時也推動太陽能充電站交換，目的是建立起未來的智慧充電電網系統。

◆ 固特異輪胎，可以搭配系統偵測輪胎壓力的變化，知道什麼時候要去翻修輪胎，或者自動調整胎壓省油。

◆ 奇異（GE）發動機，可以搭配系統蒐集飛機數據，知道什麼時候該做維修，在沒出問題之前，就可以提早做維修。

以上三個例子告訴我們，愈來愈多的企業除了銷售智慧硬體，並建構系統與互聯網平台提供增值服務，建立生

態圈，不只賣產品還賣服務。

創造新的獲利模式

　　Airbnb創辦的初期概念其實很單純，設計師常到各地參加活動有住宿需求，但費用昂貴的飯店床位也往往不夠，所以Airbnb創業團隊便想出了「氣墊床（air bed）＋早餐（breakfast）」的idea，透過網路媒合願意將家中床位出租的房東，以及外地來的房客。

　　這個平台從初期不被接受到如今遍布全球各地城市，為廣大的旅遊者提供了飯店以外的另一種選擇，進而改變了旅遊住宿市場。

　　Airbnb打造「外出旅行在陌生人家過夜」的互聯網平台，讓近百萬屋主放心的把鑰匙交給來自異地或異國的陌生人，並向使用者雙方收取一定比例的費用為獲利來源。在這個例子中，Airbnb運用「互聯網＋私人房間＝共享平台」來讓客戶體驗。

　　Uber透過APP平台及雙向評價機制做司機與乘客的連結，有效媒合一般民眾的閒置資產（私家車），提供市場消費者交通運輸服務，讓乘客除傳統計程車選擇外能有更多的選擇，而司機也可運用閒置資產增加自己收入。

　　在這個例子中，Uber打造「搭離我最近的私家車外

出」的互聯網平台使用閒置產能以擴大市場服務範圍，並從中創造價值，運用「互聯網＋私家車＝共享平台」來讓客戶體驗。

任何能夠連結供給和需求間的載體，都可以是一種平台，共同對顧客創造價值。

解決方案種類	解決方案目的	解決方案例子
建立生態圈	建立共存共榮的未來系統。	Tesla 智慧電動車。
提供增值服務	幫客戶解決問題。	奇異（GE）發動機。
互聯網＋建立平台	創造共同的價值。	Airbnb Uber

為什麼
客戶對你的產品
不感興趣

▶ 用故事與體驗讓客戶玩出興趣並記住你

我在合勤科技擔任產品經理的時候，每次都為了如何向歐洲與各國的經銷商解釋複雜的專業技術與產品而苦惱，由於產品的目標客戶並不是家庭或個人用戶，所以在消費型賣場比較不容易見到，大多數是安裝在電腦機房，也就是電腦系統管理員才看得到的產品。也由於產品種類繁多，如何讓我們的目標客戶快速理解我們的產品與技術變得非常重要。

有一次我們在歐洲舉辦了一個展示會，來自各國的分公司與經銷商齊聚一堂，目的是對於「如何讓客戶簡單有效了解我們的產品進而加快銷售速度？」這個議題能夠彼此分享與交流。

在所有的展示分享中，令我印象最深刻的是其中一個

經銷商Josh，該他出場的時候，只見Josh從後台慢慢推出一個好像是行李箱的東西到前台中央，Josh首先問了大家一個問題，「既然我們的產品會被安裝到機房，可不可能把機房搬出來到客戶面前展示？」只見大家搖搖頭都說不可能。

此時Josh開始把這個看起來像是行李箱的東西慢慢打開，先是打開左側的門，再打開右側的門，此時大家還是一臉狐疑不知道他葫蘆裡賣的是什麼藥，可是當Josh打開前面的大門，再打開上面的操作開關時，大家都叫了出來！「哇！不會吧！」的聲音此起彼落，只見到大家按捺不住坐在自己位置上，開始一個一個衝向台中央仔細瞧瞧這個神奇的展示設備。

Josh也很興奮的開始一個個介紹這個移動式展示設備，Josh說這個設備幫他成交了不少訂單，更加速客戶了解我們的產品與提高對我們產品的興趣。

在這個例子中，Josh為了讓大家了解專業複雜的新產品，運用「移動式產品展示設計」來讓客戶可以親自現場體驗而不用跑到機房。

IKEA宜家家居，一直以來透過布置和空間陳列，把家具商品展現出來，讓顧客親身感受「我家如果變成這樣，該有多好？」，享受 DIY 的樂趣與體驗。

特力屋打造全台首創「LED體驗館」，實境展演LED優點，並利用不同燈種示範居家各空間不同的生活氛圍，成功帶動銷售成長。

在這個例子中，IKEA宜家家居與特力屋為了讓大家了解家具與LED，運用「情境展示」來讓客戶體驗。

位於巴西的飛雅特為了讓消費者不用在擁擠的周末假日賞車，可以運用平日就能先完成賞車的過程，而建置虛擬門市，讓解說員配戴類似虛擬實境裝置，透過線上直播方式，讓消費者不用到門市就能輕鬆線上賞車，而線上賞車滿意之後再去實體門市進一步洽詢，非常成功的將線上線下的轉換率超過60%。

在這個例子中，巴西的飛雅特為了讓大家運用平日就能先完成線上賞車的過程，運用「數位與實體的連結」來讓客戶體驗。

迪士尼樂園內不僅有驚險刺激的遊樂設施，更將電影故事與遊樂設施大量融合。例如為了融入「印地安那瓊斯的冒險故事」，從排隊等候的地方開始，就有森林與山洞之背景、動物的叫聲與各種機關等等，讓遊客彷彿真的身處於印地安那瓊斯所到之處的感覺，營造出高度期待感，創造獨特的顧客經驗。

在這個例子中，迪士尼為了讓遊客有美好的玩樂經

驗，運用「故事」來體驗。透過說故事的能力，體現企業
的價值。

體驗類型	體驗目的	體驗做法
移動式展示	客戶可以親自現場體驗	合勤運用將機房濃縮成一套移動式設備直接帶到客戶面前展示。
情境式展示	讓顧客親身感受	IKEA宜家家居透過布置和陳列把家具商品展現出來。 特力屋設置光源情境區，利用客廳、餐廳、廚房、臥室、庭園展演LED的多樣變化。
數位與實體的連結	線上線下的轉換率	巴西的飛雅特解說員配戴類似虛擬實境裝置，透過線上直播方式，讓消費者不用到門市就能輕鬆線上賞車。
融入故事	有美好的玩樂經驗	迪士尼融入「印地安那瓊斯的冒險故事」到遊樂設施，營造高度期待感。

本文技巧運用的邏輯九式與創意九式

結論	因果	三點	拆解	先後	流程	量化	比較	事實
觀察	疑問	兒童	打破框框	組合	消除	改變	反向	借用

為什麼別人
都不支持你的提案？

▶ 運用NFABER讓構想被主管與客戶採納

Joe是我的一位客戶，擔任某間企業的製造部資深經理，非常喜歡學習與分享，我們因為專案的合作有好幾次交談的機會，經常什麼話題都可以聊。

上個月我再次到他們公司上課，午餐時間專案團隊開心的吃飯，只見他的心思卻完全不在這裡。追問原因之後，Joe告訴我，在一次跟總經理提案爭取預算會議之後，主管認為他的提案說服能力不夠，當時會議中總經理需要在兩個部門提案中選擇一個部門提供預算支持計畫，Joe自己覺得自己的計畫比較完整可行度較高，但是另一個部門在跟總經理報告時，雖然比較不完整，但是總經理最後說另一個部門的提案比較能夠說服他提供預算，於是得到了這次的預算補助。

我不想責怪Joe，但我跟他說，「換作是我，我也會

給最能說服我的提案提供更多機會。」事實上，無論在組織中擔任什麼職務，說服能力強是不可或缺的核心能力之一，因為這個能力能為你帶來更多的資源與機會。

Joe的經驗讓我回想許多朋友常會抱怨自己認為很好的提案，卻總是被主管打回票，也就是說，即便構想再好，如果無法被主管採納，終究只是個空想，這種狀況就像業務人員推銷產品，必須被客戶採納一樣。

到底應該怎麼做，才可以把自己的絕佳構想被主管所採納呢？到底該如何提高提案的說服能力呢？NFABER說服公式相信可以讓你獲得實質的幫助。

面對主管與客戶，為了能夠成功銷售，我們必須知道他們最擔心什麼？有的主管最擔心風險，有的最擔心跟別人一樣，也有的擔心要花太多預算。

也就是說，主管通常會有三個最常擔心的問題，第一個是擔心無法解決問題；第二個是擔心提案沒有特色；第三個是擔心提案對客戶或公司沒有好處。

所以，我們可以從這三個不同面向的擔心開始思考，並以NFABER說服公式，有效消除主管的擔心，成功銷售自己的好構想和提案。

所謂的NFABER說服公式，包含以下六大元素：

N（Needs）：公司的需求或是需要解決的問題。

F（Feature）：提案或構想的特色。

A（Advantage）：提案的差異或優點。

B（Benefit）：對客戶或公司的好處。

E（Evidence）：具體的證據。

R（Request）：下一步的行動建議。

我以大家熟悉的Dyson吸塵器廣告為例，說明一個創新提案如何運用NFABER讓客戶買單。

Dyson吸塵器廣告的內容是這樣的：

你知道吸塵器常發生什麼問題嗎？一旦開始吸地板，灰塵會立刻塞住濾網，讓吸力變差。所有吸塵器都大同小異，只有Dyson與眾不同。

Dyson產生的離心力，高達地心引力的15萬倍，讓灰塵不會塞住濾網。不會阻塞，吸力就不會減弱。這是無法模仿的氣旋專利。

Dyson，吸力永不減弱的吸塵器

馬上到這裡填資料就可以抽到三宅一生限量版

當你把你的創新提案思考完整後，想要讓你的老闆或客戶買單，務必運用NFABER公式來說服他們。

體驗類型	體驗目的	體驗做法
N （Needs）	公司的需求或是需要解決的問題	你知道吸塵器常發生什麼問題嗎？一旦開始吸地板，灰塵會立刻塞住濾網，讓吸力變差。
F （Feature）	提案或構想的特色	Dyson產生的離心力，高達地心引力的15萬倍，讓灰塵不會塞住濾網。
A （Advantage）	提案的差異或優點	所有吸塵器都大同小異，只有Dyson與眾不同。
B （Benefit）	對客戶或公司的好處	不會阻塞，吸力就不會減弱
E （Evidence）	具體的證據	這是無法模仿的氣旋專利
R （Request）	下一步的行動建議	馬上到這裡填資料就可以抽到三宅一生限量版。

本文技巧運用的邏輯九式與創意九式

結論	因果	三點	拆解	先後	流程	量化	比較	事實
觀察	疑問	兒童	打破框框	組合	消除	改變	反向	借用

為什麼視覺化思考能更精準傳達想法？

▶ 運用九大圖解工具將構想與問題說清楚

有間科技大廠總經理希望我能夠幫他們在年底準備制定新年度計畫的時候，進行一個創新策略的輔導案，為了了解他們的現狀，我便參加了他們公司的經營會議。

會議一開始，總經理先說明會議的目的，並希望針對公司內部「明年度新市場開發」的議題集思廣益，討論出有效的解決方案。一陣熱烈的討論後，研發部、業務部與管理部始終各持己見，沒有任何結論，眼看會議就要草草收場。我與坐在一旁的產品經理Kell簡單討論之後，希望Kell能試著引導大家討論。

這時產品經理Kell站起來表示，希望能協助大家一起思考，只見他站起來在白板上畫出三個大圖形，正中間是四個象限的矩陣圖，左邊是一種核心往外發展的圖形，右

邊是一個流程圖。

　　大家看著 Kell 在畫圖的同時，心裡一時還不知道 Kell 想做什麼。

　　畫完後 Kell 轉身向大家說明這三張圖的意義，「剛才從各位討論的內容中發現有三個重點，市場、產品應用與流程簡化。於是我畫了三張圖，中間代表市場分類，左邊代表產品應用，右邊代表流程簡化，希望藉由這三張圖呼應這三個重點。」

　　經過半個小時的討論，藉由圖像式的引導，大家達成了結論。這就是視覺化思考的效果

　　我們應該如何訓練自己視覺化思考的能力呢？

　　平時我們在辦公室中會有大大小小的會議，身為與會者或是會議主導者，我們可以將會議中大家討論的議題或重點試著以圖形畫出來，幫助自己也幫助團隊進行思考。

　　很多人會覺得自己不會畫圖所以不會視覺化思考，這是因為你認為視覺化思考是畫出一幅漂亮的圖。其實不是，事實上，只要你會畫圓形、方形、三角形與箭頭就可以做到。

　　以下九種圖形是最常用的圖形，各位可以試著畫畫看。

左思右想：

36堂有效解決工作難題的創新思考

圖解工具	意義	圖例
流程圖	表示 線性流程、階段 一對一	
循環圖	表示 循環流程、階段 一對一	
線性發展圖	表示展開 一對多 1. 表示流程、階段逐漸展開。 2. 由結論來展開推論（演繹法／邏輯樹狀圖）。 3. 父子或主從關係、系統或組織體系圖。 4. 群組與分類。	
核心發展圖	表示核心 一對多 表示整體的核心組成或發展應用。	

圖解工具	意義	圖例
收斂圖	表示收斂 多對一 1. 表示流程、階段趨向收斂。 2. 列舉事例導出結論（歸納法）。	
蓋房子 （或金字塔）	表示整體 表示整體組合的概念。	
重疊圖	表示關係 表示堆疊或包含關係	
影響圖	表示作用 表示相互影響或作用。	

左思右想：
36堂有效解決工作難題的創新思考

圖解工具	意義	圖例
矩陣圖	表示分割 表示象限分割法。	S W O T

09

本文技巧運用的邏輯九式與創意九式

結論	因果	三點	拆解	先後	流程	量化	比較	事實
觀察	疑問	兒童	打破框框	組合	消除	改變	反向	借用

我不是個有創意的人，也可以創新嗎？

▶ 運用 IDEA 系統化的學習創新思維

我在課堂上，常會進行一種很簡單的遊戲，讓大家體會什麼是創新。

我請大家兩兩一組互相分享彼此帶來教室的隨身物品，請他們互相了解對方為什麼喜歡或不喜歡這個物品，以及互相觀察對方是如何使用這個物品。接著我會請他們互相幫對方重新設計「新」物品，確認這個新物品是否能幫對方解決問題。

從這個遊戲裡，大家會體會到創新不是虛無飄渺的理論，也不是艱深難懂的概念，創新其實就在我們身邊，只要我們從學習觀察周遭的一切開始，就可以做到了。

根據我過去自己的經驗以及各行各業對於創新需求的體會，我整理了四大類常見的問題：

◆ **第一大類、需求類**：不曉得客戶的需求在哪裡？

◆ **第二大類、方向類**：客戶需求很多，我怎麼樣去選

擇我要的方向？

　　◆ **第三大類、創意類**：確認方向後不曉得怎麼想出與眾不同的想法？

　　◆ **第四大類、溝通類**：想到後怎麼樣可以讓客戶了解或確認客戶是否滿意？

　　我就把這四大類問題整理成一套方法，希望通過一套系統化的方法來學習創新思維，解決大家的問題，這套創新思維的方法，有四個必經階段：

　　◆ **洞察（Insight）**：通過多元的方式了解使用者（包含訪問、田野調查、體驗、問卷等），蒐集客戶與使用者相關的資料，用同理心觀察與訪談使用者的需求，找出他們所遇到的問題與挑戰

　　◆ **定義（Define）**：對問題作更深入的定義，分析投入的策略與方向

　　◆ **創造（Evaluate）**：確定策略或方向之後，發展出眾多的解決方案解決客戶的問題

　　◆ **體現（Action）**：通過體驗或簡易模型展現，邀請使用者提供意見，隨時修正，以確認我們解決了客戶的問題。

　　洞察、定義、創造、體現，這四個階段會不斷反覆，

直到你真正找出滿足甚至超越使用者需求的解答。好比當
你來到最後一階段的體現時，使用者的回饋可能讓你產生
新的需求與想法，你隨時可以回到第一階段，修正原先的
假設。

　　我把這套創新思維的方法叫做IDEA，幸運的是，我
通過這套方法在過去六年來幫助超過兩百家企業以及超過
三萬名學員，從對他們的觀察與他們給我的回饋，我很有
信心這是一套簡單易學的方法。

　　為了讓你更有效地將IDEA創新思維的四階段應用在
工作中，本書特別整理可以實作運用的工具，當你能靈活
運用這些工具，無論是想要解決公司問題、提高客戶滿
意度，執行一個行銷活動、或是做出一場精采的簡報，
IDEA創新思維都能幫助你用創新的方式解決困擾已久的
問題。

左思右想：

36堂有效解決工作難題的創新思考

▌ 有效轉化問題的四大關鍵問題

階段	意義	工具與方法
Insight 洞察	通過多元的方式了解使用者（包含訪問、田野調查、體驗、問卷等）蒐集客戶與使用者相館的資料，用同理心觀察與訪談使用者的需求，找出他們所遇到的問題與挑戰。	第2章：找到新發現 1. 從不懂找靈感：不懂其實很有力量。 2. 創造力興趣清單：現有問題注入全新思考。 3. 重新定義問題：不找解答先找問題。 4. 第一次使用體驗：觀察客戶需求。 5. TBOGN：使用者旅程的五大觀察點。 6. 四大面向十一大觀察點：看見客戶需求。 7. 十個創新問題：問對問題進行對話。 8. SWDH：質疑現狀改變結果。 9. 工作遊戲化九大祕訣：做任何事都很快樂。
Define 定義	對問題做更深入的定義，分析投入的策略與方向。	第1章：將邏輯說清楚 1.PSID：一分鐘工作目標設定。 2. 4D：問題分析與解決。 3. 結論依據結論：三段式回答問題。 4. 八個格子：思考解決對策。 5. 三三三：邏輯式簡報架構。 6. 四個象限：縮小範圍達成共識。 7. 三個思考點：承接任務的思考。 8. 三個步驟二十六個問題：引導出客戶真正需求。 9. 思考模式與分析架構：分析管理問題。

（續下頁）

階段	意義	工具與方法
Evaluate 創造	確認策略或方向之後，發展出眾多的解決方案，解決客戶問題。	第3章：從中找靈感 1. 隨機連結法：產生不一樣的點子。 2. 加形容詞法：幫忙想出好點子。 3. 減法思維：企業成功轉型的第一步。 4. 客戶需求的三層次：找出提高業績的答案。 5. 如何不思考法：把缺點變優點。 6. 跨界找靈感：尋找新點子。 7. 群眾智慧：集合平凡眾人的智慧。 8. 不同版本測試：量變產生質變的關鍵思考。 9. 讓小孩也能懂：把複雜的事情簡單表達。
Action 體現	通過體驗或簡易模型展現，邀請使用者提供意見，隨時修正，以確認我們解決了客戶的問題。	第4章：將創新做出來 1. 28個問題：把好點子變成好生意。 2. 有效轉化閱讀形成觀點：獨立思考的關鍵。 3. 定義競爭對手：未來是個跨界的世界。 4. 動腦會議：決定企業的創新能力。 5. 把自己變平台：成為解決方案專家。 6. 故事與體驗：讓客戶玩出興趣。 7. NFABER：讓構想被主管與客戶採納。 8. 九大圖解工具：將任何構想與問題說清楚。 9. IDEA：系統化的學習創新思維。

國家圖書館出版品預行編目（CIP）資料

左思右想：36堂有效解決工作難題的創新思考
／劉恭甫著
— 初版・— 臺北市：商周出版：家庭傳媒城邦
分公司發行, 民105. 07
　　　面；　　公分 —（新商業周刊叢書；608）
ISBN 978-986-477-048-9（平裝）
1・思考

176.4　　　　　　　　　　　　　105010357

新商業周刊叢書 **BW0608**

左思右想
36堂有效解決工作難題的創新思考

作　　　者／劉恭甫
責 任 編 輯／張曉蕊
校　　　對／魏秋綢
版　　　權／吳亭儀、顏慧儀、江欣瑜
行 銷 業 務／周佑潔、林秀津、林詩富、吳藝佳

總　編　輯／陳美靜
總　經　理／彭之琬
事業群總經理／黃淑貞
發　行　人／何飛鵬
法 律 顧 問／台英國際商務法律事務所
出　　　版／商周出版
　　　　　　臺北市南港區昆陽街 16 號 4 樓
　　　　　　電話：（02）2500–7008　　傳真：（02）2500–7759
　　　　　　E-mail：bwp.service@cite.com.tw
發　　　行／英屬蓋曼群島商家庭傳媒股份有限公司　城邦分公司
　　　　　　臺北市南港區昆陽街 16 號 8 樓
　　　　　　電話：（02）2500–0888　　傳真：（02）2500–1938
　　　　　　讀者服務專線：0800–020–299　　24小時傳真服務：（02）2517–0999
　　　　　　讀者服務信箱：service@readingclub.com.tw
　　　　　　劃撥帳號：19833503
　　　　　　戶名：英屬蓋曼群島商家庭傳媒股份有限公司　城邦分公司
香 港 發 行 所／城邦（香港）出版集團有限公司
　　　　　　香港九龍土瓜灣土瓜灣道86號順聯工業大廈6樓A室
　　　　　　電話：（852）2508–6231　　傳真：（852）2578–9337
　　　　　　E-mail：hkcite@biznetvigator.com
馬 新 發 行 所／城邦（馬新）出版集團
　　　　　　Cite (M) Sdn Bhd
　　　　　　41, Jalan Radin Anum, Bandar Baru Sri Petaling,
　　　　　　57000 Kuala Lumpur, Malaysia.
　　　　　　電話：（603）9057–8822　　傳真：（603）9057–6622
　　　　　　E-mail：cite@cite.com.my

封 面 設 計／黃聖文
內文設計排版／黃淑華
印　　　刷／鴻霖印刷傳媒股份有限公司
總　經　銷／聯合發行股份有限公司
　　　　　　電話：（02）2917–8022　　傳真：（02）2911–0053
　　　　　　地址：新北市231新店區寶橋路235巷6弄6號2樓

■ 2016年（民105）7月初版
■ 2024年（民113）5月20日初版8.1刷

ISBN 978-986-477-048-9

Printed in Taiwan
城邦讀書花園
www.cite.com.tw

廣　告　回　函
北區郵政管理登記證
台北廣字第000791號
郵資已付，免貼郵票

104 台北市民生東路二段141號2樓

**英屬蓋曼群島商家庭傳媒股份有限公司
城邦分公司　收**

- -

請沿虛線對摺，謝謝！

書號：BW0608　　書名：左思右想-36堂有效解決工作難題的創新思考　　編碼：

 商周出版

讀者回函卡

感謝您購買我們出版的書籍！請費心填寫此回函卡，我們將不定期寄上城邦集團最新的出版訊息。

不定期好禮相贈 !
立即加入：商周比
Facebook 粉絲團

姓名：＿＿＿＿＿＿＿＿＿＿＿＿＿＿＿＿＿＿＿＿＿ 性別：□男 □女

生日：西元＿＿＿＿＿＿年＿＿＿＿＿＿月＿＿＿＿＿＿日

地址：＿＿＿＿＿＿＿＿＿＿＿＿＿＿＿＿＿＿＿＿＿＿＿＿＿＿

聯絡電話：＿＿＿＿＿＿＿＿＿＿＿ 傳真：＿＿＿＿＿＿＿＿＿＿

E-mail：

學歷：□ 1. 小學 □ 2. 國中 □ 3. 高中 □ 4. 大學 □ 5. 研究所以上

職業：□ 1. 學生 □ 2. 軍公教 □ 3. 服務 □ 4. 金融 □ 5. 製造 □ 6. 資訊

　　　□ 7. 傳播 □ 8. 自由業 □ 9. 農漁牧 □ 10. 家管 □ 11. 退休

　　　□ 12. 其他＿＿＿＿＿＿＿＿＿＿＿＿＿＿＿＿＿＿＿＿

您從何種方式得知本書消息？

　　　□ 1. 書店 □ 2. 網路 □ 3. 報紙 □ 4. 雜誌 □ 5. 廣播 □ 6. 電視

　　　□ 7. 親友推薦 □ 8. 其他＿＿＿＿＿＿＿＿＿＿＿＿＿＿

您通常以何種方式購書？

　　　□ 1. 書店 □ 2. 網路 □ 3. 傳真訂購 □ 4. 郵局劃撥 □ 5. 其他＿＿＿

您喜歡閱讀那些類別的書籍？

　　　□ 1. 財經商業 □ 2. 自然科學 □ 3. 歷史 □ 4. 法律 □ 5. 文學

　　　□ 6. 休閒旅遊 □ 7. 小說 □ 8. 人物傳記 □ 9. 生活、勵志 □ 10. 其他

對我們的建議：＿＿＿＿＿＿＿＿＿＿＿＿＿＿＿＿＿＿＿＿＿＿

　　　　　　　＿＿＿＿＿＿＿＿＿＿＿＿＿＿＿＿＿＿＿＿＿＿＿＿

　　　　　　　＿＿＿＿＿＿＿＿＿＿＿＿＿＿＿＿＿＿＿＿＿＿＿＿